www.ingramcontent.com/pod-product-compliance
Lightning Source LLC
LaVergne TN
LVHW012000070526
838202LV00054B/4985
* 9 7 8 8 1 9 5 9 8 8 6 4 8 *

رشتوں کی صلیب

(حقائق پر مشتمل کہانیاں)

مصنف:
یحییٰ خان

© Taemeer Publications

Rishtou'n Ki Saleeb (Stories)
by: Yahiya Khan
Edition: December '2022
Publisher & Printer:
Taemeer Publications, Hyderabad.

ISBN 978-81-959886-4-8

مصنف یا ناشر کی پیشگی اجازت کے بغیر اس کتاب کا کوئی بھی حصہ کسی بھی شکل میں بشمول ویب سائٹ پر اَپ لوڈنگ کے لیے استعمال نہ کیا جائے۔ نیز اس کتاب پر کسی بھی قسم کے تنازع کو نمٹانے کا اختیار صرف حیدرآباد (تلنگانہ) کی عدلیہ کو ہو گا۔

© تعمیر پبلی کیشنز

کتاب	:	**رشتوں کی صلیب** (حقائق پر مشتمل کہانیاں)
مصنف / مرتب	:	**یحییٰ خان**
ناشر	:	تعمیر پبلی کیشنز (حیدرآباد، انڈیا)
صنف	:	عصری صحافت
تزئین / اہتمام	:	تعمیر ویب ڈیولپمنٹ، حیدرآباد
سالِ اشاعت (اول)	:	۲۰۲۲ء
تعداد	:	(پرنٹ آن ڈیمانڈ)
صفحات	:	۱۱۶
طابع	:	تعمیر پبلی کیشنز، حیدرآباد – ۲۴
سرورق ڈیزائن	:	یحییٰ خان (تانڈور، تلنگانہ) [Mob.: +919848623276]
ملنے کے پتے	:	امینہ بک سنٹر، اسٹیشن روڈ، تانڈور ہدیٰ بک ڈپو، چھتہ بازار، حیدرآباد

انتساب

والدہ محترمہ

اور

بڑے بھائی محمد یٰسین خان (انور خان)

کے نام

جن کی تربیت اور قربانیوں کے بناء آج میں کچھ بھی نہ ہوتا

اللہ سبحانہ تعالیٰ سے دعا گو ہوں کہ ان دونوں کا سایہ عاطفت، ان کی بہتر صحت کے ساتھ تا دیر قائم رکھے

یحییٰ خان

سوانحی خاکہ

نام	: محمد یحییٰ خان
قلمی نام	: یحییٰ خان
والد	: جناب محمد عبدالعلیم خان (مرحوم)
تاریخ پیدائش	: ۲؍جون ۱۹۶۹ء (تانڈور، تلنگانہ)
تعلیمی لیاقت	: انٹرمیڈیٹ
ملازمت	: اسٹاف رپورٹر، روزنامہ راشٹریہ سہارا (حیدرآباد ایڈیشن)
	: چیف ایڈیٹر؛ سحر نیوز ڈاٹ کام [www.sahernews.com]
رہائش	: گرین سٹی، روبرو پارک، تانڈور، ۵۰۱۱۴۱ ضلع وقارآباد، تلنگانہ
رابطہ	: ای۔میل؛ khanreport@gmail.com
	موبائل؛ 9959866531 / 9848623276

فہرست

پیش لفظ	یحییٰ خان	9
یحییٰ خان: چھوٹے شہر کا بڑا صحافی	سید فضل اللہ مکرم	15
خانِ صحافت و ادب	سید فاضل حسین پرویز	18
مالک شہر گلاب سلامت	معظم راز	20

کہانیاں

(۱)	ذہنی مفلوج و گونگے بچوں اور شوہر کی ذمہ داری سنبھالتی وفا کی مورت	28
(۲)	متعدد ایوارڈ کے حامل حیدرآباد کے اظہر مخصوصی: جینا اسی کا نام ہے	31
(۳)	ماں: عظیم ہستی جس کا قرض کوئی ادا کر نہیں سکتا	35
(۴)	باہر کبھی آپے سے سمندر نہیں ہوتا: ماں کی محنت اور جنون	41
(۵)	قابلِ فخر بیٹا: ضعیف اور فالج کی شکار ماں کی خدمت	45
(۶)	جبلپور کا باپ: ایک ہاتھ میں بچہ دوسرے ہاتھ سے رکشہ	51
(۷)	تم ساتھ دو تو چلیں ہم آسماں تک: ضعیف جوڑے کا بین الاقوامی سفر	55
(۸)	رتن ٹاٹا جیسی نامور اور بڑی شخصیت کا نوجوان دوست	59
(۹)	پپا کی حلیم: سات سالہ بیٹے کی اشتہار بازی نے مشہور کر دیا	63
(۱۰)	محبت کی زبان: چرند پرند بھی باآسانی سمجھ لیتے ہیں	69
(۱۱)	چمپانزی ماں: ہسپتال میں اپنے نوزائیدہ بچے کے ساتھ جذباتی ملاپ	73
(۱۲)	مغربی بنگال ندی میں مورتی وِسرجن: مسلم نوجوان نے ۱۰ افراد کی جان بچائی	77
(۱۳)	گجرات میں کیبل برتج سانحہ: دو افراد نے بچائیں ۸۵ سے زائد جانیں	81
(۱۴)	ماں باپ کی دوران کووڈ وفات: کوئی نہیں آیا، بیٹے اور بیٹیوں نے دفنایا	85
(۱۵)	بیمار بیوی کو ہنڈی پر لاد کر ہسپتال پہنچا ضعیف شخص	91
(۱۶)	مردہ خانہ سے بیٹے کی لاش کا حصول: غریب باپ نے مانگی بھیک	95
(۱۷)	ساس کا غصہ: بہو کو بھی کورونا وائرس سے متاثر کر ڈالا	99
(۱۸)	مکان کی دستاویزات حوالے کرنے دوسری بیوی کی دھمکی	101
(۱۹)	حیدرآباد لاک ڈاؤن: تصاویر اور کہانی، سنسان سڑکوں کی زبانی	105
(۲۰)	ماحولیات کی تباہی: زیر زمین آبی ذخائر میں کمی: ذمہ دار کون؟	108
(۲۱)	لالو پرساد یادو کے گردہ کی سنگاپور میں کامیاب پیوندکاری - دختر کا عطیہ	113

جھوٹ والے کہیں سے کہیں بڑھ گئے
اور میں تھا کہ سچ بولتا رہ گیا

(وسیم بریلوی)

گرتے ہیں سمندر میں بڑے شوق سے دریا
لیکن کسی دریا میں سمندر نہیں گرتا

(قتیل شفائی)

میری کوشش ہے کہ یہ صورت بدلنی چاہیے

یحییٰ خان

صرف ہنگامہ کھڑا کرنا مِرا مقصد نہیں
میری کوشش ہے کہ یہ صورت بدلنی چاہیے

(دشینت کمار)

میدانِ صحافت میں یوں تو میرا سفر ۱۹۸۸ء میں شروع ہوا ہے۔ لیکن سوشل میڈیا کے عروج کے موجودہ دور میں جہاں صحافت کے معنی و مفاہیم میں ہوشربا تبدیلی آئی ہے وہیں صحافتی تہذیب، اخلاق و اقدار کے تحفظ کی ذمہ داری کا بوجھ بھی ایماندارانہ صحافت کے تیئں حقیقی اور دیانت دارانہ درد رکھنے والے صحافیوں پر کافی بڑھ گیا ہے۔ خصوصاً عصر حاضر کے سماجی روابط کے پلیٹ فارمز پر جہاں ہر سیکنڈ ہر لمحہ کوئی خبر بریک ہوا کرتی ہے، اپنے تخلیقی درد کا بشکل نیوز اسٹوریز، یہ مختصر سا انتخاب اسی ذمہ داری کا ایک ادنیٰ سا اظہار ہے۔

ہمارے سماج کی بعض ایسی کہانیاں ہیں جن کا مقصد یہ نہیں ہوتا کہ آج اخبار میں پڑھیں اور کل بھول جائیں۔ بلکہ میری یہ کوشش ہوتی ہے کہ آج جو ہر طرف

رشتوں کے تقدس اور ان کے حقوق کی پامالی ہو رہی ہے، شہریوں کے حقول سلب کیے جا رہے ہیں، آٹے سے سستا ڈاٹا ہو گیا ہے اور جس حساب سے میڈیا اور سوشل میڈیا پر منافرت اور جھوٹ کا سیلاب بہایا جارہا ہے ان سے متعلق خبروں کو ایک پیغام کے طور پر پیش کروں۔ ان کہانیوں کے حقائق بلکہ کڑوے سچ سے آنے والی نسلوں کو جو نقصان ہو گا اس سے قاری کو واقف کرواؤں۔ کیوں کہ رشتوں اور حقوق کی پامالی کا میں خود بھی شکار ہوا ہوں اور بلکہ امکان ہے کہ میرے ہاتھ بھی کسی کے ساتھ ایسے سلوک سے مبرا نہ رہے ہوں۔۔۔ اس کی اذیت اور اس کے کرب سے میں بہتر طریقہ سے واقف بھی ہوں، بقول شاعرؔ

یہ کہانی پھر سہی

ابتداء سے ہی سعادت حسن منٹو اور انور مقصود کی تحریروں کا شیدائی رہا ہوں۔ یہ الگ بات ہے کہ زیادہ تر اردو طبقہ منٹو پر فحش نگار ہونے کا الزام عائد کرتا رہا ہے۔ جب کہ ہمارے اطراف جو کچھ ہو رہا ہے اس سے آنکھ موند لینے اور خاموشی اختیار کر لینے کو میں خود کو دھوکہ میں رکھنے کے مماثل مانتا ہوں۔

ساحر لدھیانوی، پروین شاکر، فیض احمد فیض، احمد فراز اور حبیب جالب کے ساتھ ساتھ بشیر بدر، ندا فاضلی اور ایک حد تک راحت اندوری میرے پسندیدہ شعراء رہے ہیں اور میں زیادہ تر ان کے کلام سے متاثر ہوا ہوں۔ جہاں تک سنجیدہ صحافت کی بات ہے، موجودہ عہد میں رویش کمار، اجیت انجم، رعنا ایوب، ابھیسار شرما، عارفہ خانم، نوین کمار، ساکشی جوشی اور دیگر آج بھی صحافت کا پرچم بلند کیے ہوئے ہیں۔ میں نے کہیں پڑھا تھا کہ: "جب کہیں کوئی طوائف بِکتی ہے تو صرف ایک جسم برباد ہوتا ہے، مگر جب قلم

اور زبان بِک جاتے ہیں تو تاریخ مسخ، ضمیر مردہ اور قومیں برباد ہو جاتی ہیں۔"

رشتوں کی پامالی، عوام کی بے بسی، حکومت وقت کی لاپرواہی پر مشتمل خبروں کو میں نے بطور ایک پیغام لکھنے کی کوشش کی ہے۔ اس میں کہاں تک کامیاب ہو پایا ہوں یہ مجھے نہیں معلوم اس کا فیصلہ کرنے کا حق اس کتاب کے ہر قاری پر ہے۔ ساتھ ہی میں نے اپنی ان کڑوی سچائیوں پر مشتمل کہانیوں میں ان حقائق کا تذکرہ بھی پیش کیا ہے جن کے متعلق پڑھ کر بقول ندا فاضلی ہر سنجیدہ قاری کو احساس ہو گا کہ

جتنی بُری کہی جاتی ہے
اُتنی بُری نہیں ہے دنیا

انسانوں کے ساتھ ساتھ بے زبان جانوروں کے دکھ درد اور بلا لحاظ مذہب، انسانیت کی خدمت کرنے والوں پر لکھنا میرا پسندیدہ موضوع رہا ہے۔ میری کوشش ہمیشہ یہی ہوتی ہے کہ قاری کو کسی بھی طرح سے، کسی بھی معاملہ میں مایوس اور خوفزدہ نہ کیا جائے اور نہ ہی انہیں احساس کمتری کا شکار ہی بنایا جائے۔ سوشل میڈیا کے پلیٹ فارمز ہوں یا اخبار کا صفحہ یا پھر پورٹل میں نے سدا کوشش کی ہے کہ قارئین کو صرف اندھیروں کا خوف نہ دلایا جائے بلکہ انہیں یہ بتایا جائے کہ ہر سیاہ اور اندھیری رات کے بعد ایک خوبصورت صبح خدا کے نظم کا ایک حصہ ہے اور ظاہر ہے یہ سلسلہ رہتی دنیا تک چلتا رہے گا۔

میں سمجھتا ہوں کہ ہم تمام کی یہ اہم ذمہ داری بنتی ہے کہ معاشرے میں رشتوں کے حقوق وان کا عدم احترام، بڑھتی اور وسیع ہوتی ہوئی مذہبی منافرت، غریب

طبقہ کے ساتھ ناانصافی اور ان کی محرومیوں، سماجی و ماحولیاتی عدم توازن، عوام کے حقوق چھین لیے جانے کے ان سیاہ اندھیروں کو کم کرنے کی خاطر اپنے حصہ کی شمع جلاتے رہیں، بقول احمد فراز

شکوۂ ظلمتِ شب سے تو کہیں بہتر تھا
اپنے حصے کی کوئی شمع جلائے جاتے !!

میرے خواب و خیال میں بھی نہیں تھا کہ میں اپنی کوئی کتاب کبھی شائع کروا پاؤں گا۔ کبھی اس جانب سوچا ہی نہیں تھا۔ جبکہ میں نے ۱۹۸۸ تا ۱۹۹۲ کے دوران کہانیاں اور افسانے بھی لکھے جو کہ فلمی ماہنامہ 'روبی' کے علاوہ بنگلورو سے شائع ہونے والے اس وقت کے مشہور فلمی ہفت روزہ 'فلم ایڈوانس' میں باقاعدہ شائع ہوا کرتے تھے۔ تاہم افسوس کہ اس کے تراشے میرے پاس موجود نہیں ہیں۔ پھر دوبارہ میں نے ۱۹۹۸ سے لکھنا شروع کیا۔

اس کتاب کی اشاعت میں سب سے بڑا رول بھائی سید مکرم نیاز صاحب کا ہے جنہوں نے مجھے اپنی کتاب کی اشاعت کی ترغیب دلائی۔ مکرم نیاز سے میں فیس بک کے ذریعہ متعارف ہوا۔ سوشل میڈیا کے بہتر استعمال اور مناسب و موزوں زبان و بیان کی ترغیب کے علاوہ دیگر معاملات میں ان کو میں اپنا استاد مانتا ہوں۔ میں اس بات سے انکار کر نہیں سکتا کہ سوشل میڈیا کے پلیٹ فارمز پر دس سال قبل اردو کے استعمال کا طریقہ بھی مجھے بھائی مکرم نیاز نے ہی سکھایا ہے، ورنہ وہی رومن کی لت میں مبتلا ہوا کرتا تھا۔ اس

کے لیے میں بھائی مکرم نیاز کا تہہ دل سے شکریہ ادا کرتا ہوں۔

مشہور تاریخ داں، مفکر، ادیب، صحافی جناب محترم علامہ اعجاز فرخ صاحب کے تذکرہ کو، میں اس کتاب کا لازمی حصہ مانتا ہوں جن کے مضامین اور استعمال کردہ الفاظ کو پڑھ کر میں نے سیکھا ہے کہ لفظوں کو کب، کہاں اور کیسے برتا جانا چاہئے۔ علامہ محترم نے بارہا میری رہنمائی کی اور ساتھ ہی ستائش بھی کرتے رہے۔ ان سب کے لیے علامہ محترم کا شکریہ ادا کرنا ان کے قد کو کم کرنے کی گستاخی کے مماثل ہوگا۔

جناب سید فضل اللہ مکرم صاحب، صدر شعبہ اردو، حیدرآباد یونیورسٹی کا بھی ممنون و مشکور رہوں کہ ان سے بھی میں نے بہت کچھ سیکھا ہے۔ اس کتاب کے لیے میری گزارش پر ان کی جانب سے لکھا گیا میرا تعارف میرے لیے ایک بیش قیمت اعزاز سے کم نہیں ہے۔

اسی طرح میری گزارش پر سید فاضل حسین پرویز صاحب، ایڈیٹر گواہ کی جانب سے تقریظ میرے لیے بہت اہم ہے۔ کیونکہ میرا لکھا ہوا پہلا مختصر مضمون انہوں نے ہی رہنمائے دکن میں شائع فرماتے ہوئے میری ہمت افزائی کی تھی اور وہیں سے میرے اس صحافتی اور ادبی سفر کا آغاز ہوا۔ میں ان کا بھی تہہ دل سے شکریہ ادا کرتا ہوں۔

بھائی معظم راز کا بھی میں شکر گزار ہوں کہ انہوں نے اس کتاب کے لیے مقدمہ لکھا اور حقائق پر مبنی گفتگو کو ایک مضمون کی شکل دینا صرف معظم بھائی سے ہی ممکن ہو سکتا تھا۔

کتاب کے پس ورق پر ممتاز صحافی جناب شمس الرحمٰن علوی کی جانب سے راقم کے فن و شخصیت کا جو مختصر انگریزی جائزہ پیش کیا گیا ہے، اس کے لیے میں ان کا دلی شکر گزار ہوں۔ ساتھ ہی اس کتاب کی اشاعت کی خاطر دئے جانے والے مشورے، تجاویز اور رہنمائی و ہمت افزائی کے لیے جناب احمد ارشد حسین، جناب مصطفیٰ علی سروری، ڈاکٹر اسلم فاروقی، جناب اختر حسین ترمذی، جناب وصی بختیاری کے بشمول تمام احباب و بہی خواہان کا میں شکریہ ادا کرتا ہوں۔

یحییٰ خان

۱۰/دسمبر ۲۰۲۲ء

تانڈور (تلنگانہ، انڈیا)

یحییٰ خان: چھوٹے شہر کا بڑا صحافی

پروفیسر سید فضل اللہ مکرم

صدر شعبۂ اردو، یونیورسٹی آف حیدرآباد

وہ دن ہوا ہوئے جب صحافت ایک مقدس پیشہ ہوا کرتی تھی۔ وہ دن بھی اب نہیں رہے جب صحافت نے خدمت اور تجارت جیسی دونوں ذمہ داریوں کو نہایت دیانت داری سے بخوبی نبھایا۔ وہ دور بھی اب نہیں رہا جب سماج میں صحافی کو عزت واحترام کی نگاہ سے دیکھا جاتا تھا۔ اب ایسے پُر آشوب دور میں جہاں جھوٹ اور سفید جھوٹ کا ہی سکہ چلتا ہو تو عام آدمی تو کجا ایک غیرت مند صحافی کا بھی دم گھٹنے لگتا ہے۔ سوشیل میڈیا کے خود ساختہ صحافیوں نے صحافت کی رہی سہی عزت کو بھی تار تار کر دیا ہے۔ ایسے میں ہم صحافت کا مرثیہ نہیں تو اور کیا پڑھیں گے؟

اردو صحافت کے اپنے حدود واربعہ ہیں۔ اکثر صحافی مٹی کی کلھیا میں گُڑ پھوڑتے نظر آتے ہیں۔ اردو صحافیوں کے آپسی اختلافات اور ان کی محدود سوچ و فکر نے اردو اخبار ورسائل کو کسی اندھے کنویں میں دھکیل دیا ہے۔ ان حالات میں صحافی بننا اور اخلاص کے ساتھ بہتر سماج کی تشکیل کرنے کے جتن کرنا کوئی معمولی بات نہیں ہے۔ ان چند جیالے صحافیوں کی بدولت ہی صحافت، اب بھی جمہوریت کا چوتھا ستون کہلاتا ہے۔

چھوٹے چھوٹے شہروں سے بھی بعض مخلص اور محنتی صحافیوں نے صحافت کے معیار و مزاج کو بحال رکھنے میں بساط بھر کوشش ضرور کی ہے۔ ان میں ایک صحافی یحییٰ خان ہیں جو پچیس تیس برسوں سے مختلف اخبارات سے وابستہ ہیں۔ کچھ برسوں سے وہ "روزنامہ راشٹریہ سہارا" (حیدرآباد ایڈیشن، تلنگانہ) کے تانڈور کے اسٹاف رپورٹر ہیں۔

یحییٰ خان کی سب سے بڑی خوبی ، اردو صحافت کے تئیں ان کی مخلصانہ سرگرمیاں ہیں۔ وہ کسی سیاسی جماعت سے وابستہ نہیں ہیں اور نہ ہی پیسہ بٹورنا، ان کا مقصد حیات ہے۔ ان کے پیش نظر ہمیشہ سماج خصوصاً اردو سماج اور اس کی اصلاح ہے۔ انہوں نے ایک اپنا نیوز پورٹل "سحر نیوز" بھی جاری کیا ہے تاکہ نئی نسل کو اردو نیوز سروس سے جوڑا جاسکے۔ خبریں تحریر کرنے کا ان کا اپنا انداز ہے۔ وہ اس جہاں سے کبھی سرسری نہیں گزرتے ہیں بلکہ پوری تلاش و جستجو کے بعد مکمل خبر لکھنے کے عادی ہیں۔ مختلف حوالوں سے خبر کو مکمل کرتے ہیں، کبھی سنی سنائی باتوں کو ضبط تحریر میں نہیں لاتے اور دیانت داری کا حال یہ ہے کہ جن جن ذرائع سے انہیں اطلاع موصول ہوتی ہے، ان سب کا وہ حوالہ بھی دیتے ہیں۔ سحر نیوز پورٹل پر لگائی گئی ان کی تحریریں، یہاں کے مختلف اخبارات من و عن نقل کرتے ہیں مگر اس پورٹل کا تذکرہ تک نہیں کرتے۔ جب کبھی کسی لفظ کے معنی یا صحیح املا یا اس کے مرادفات کی ضرورت ہو تو وہ بلا جھجک پوچھ لیتے ہیں اور سوچ سمجھ کر الفاظ کا انتخاب کرتے ہیں۔ ان کی تحریروں میں صرف و نحو کی غلطیاں نہیں کے برابر ہوتی ہیں۔

یحییٰ خان کی ایک اور خوبی ان کی پیشہ وارانہ دیانت داری ہے۔ کسی واقعہ یا خبر

کے انتخاب کے معاملے میں وہ کوئی جلد بازی نہیں کرتے، جب تک اطمینان نہیں ہو جاتا کہ خبر صحیح ہے تب ہی وہ خبر کو اشاعت کی غرض سے بھیجتے ہیں۔ وہ نہ تو کسی کو خاطر میں لاتے ہیں نہ کسی سے خوف کھاتے ہیں بلکہ نہایت بے باکی اور تہذیبی رکھ رکھاؤ کے ساتھ خبر کو عوام سے متعارف کرواتے ہیں۔ جس دن کوئی قابل اشاعت خبر نہیں مل پاتی ہے تو وہ کسی نہ کسی سماجی، معاشرتی، ادبی، تہذیبی یا فلمی موضوع پر مضمون یا فیچر لکھنے کی کامیاب کوشش کرتے ہیں۔ ایسی بے شمار تحریریں اخبار اور ویب سائٹس پر شائع ہو چکی ہیں۔ ان میں سے کچھ تحریروں کا انتخاب یہاں پیش کیا جا رہا ہے۔

یحییٰ خان کو ان کی پہلی کتاب کی اشاعت پر مبارک باد اور نیک خواہشات کا اظہار کرتا ہوں اور دعا ہے کہ اللہ کرے زور قلم اور زیادہ۔

☆ ☆ ☆

خانِ صحافت و ادب

ڈاکٹر سید فاضل حسین پرویز
ایڈیٹر، گواہ (ہفت روزہ)، حیدرآباد

یہ ایک حقیقت ہے کہ ہر شعبہ حیات میں خان راج رہا ہے۔ اگرچہ کہ "خان" سے متعلق اکثر رائے متضاد ہوا کرتی ہے۔ مگر یہ خان اپنی صلاحیتوں سے سبھی کو اپنا گرویدہ بنالیتے ہیں۔ تلنگانہ کی معاصر اردو صحافت میں یحییٰ خان کے قلم کا جادو سر چڑھ کر بول رہا ہے۔ یحییٰ خان کا تعلق ضلع وقارآباد کے تانڈور سے ہے' جو حیدرآباد سے کوئی ۱۱۰ کلومیٹر کے فاصلے پر ہے۔ تاہم نہ صرف تلنگانہ بلکہ پورے ملک اور اردو دنیا میں یحییٰ خان کی اپنی ایک منفرد پہچان ہے۔

۱۹۸۷ء میں رہنمائے دکن کے طلبہ اور نوجوانوں کے صفحہ سے اپنے ادبی سفر کا آغاز کرنے والے یحییٰ خان ۳۵ برس سے مسلسل اپنے ادبی اور صحافتی سفر کو جاری رکھے ہوئے ہیں۔ انہوں نے کئی سنگ میل پار کئے۔ روزنامہ راشٹریہ سہارا کے نمائندہ کی حیثیت سے انہوں نے تحقیقی اور غیر جانبدار صحافت کی ایک مثال قائم کی۔ ان کی صحافتی تحریر میں ادبی چاشنی محسوس کی جاسکتی ہے۔ ان کی تحریر میں ملنے والے حوالے، اشعار اور محاوروں کا بروقت انتخاب اور برجستہ استعمال ان کے وسیع مطالعے کی گواہی دیتا ہے۔

یحییٰ خان اُن چند صحافیوں میں سے ایک ہیں، جو ۲۴ /۷ سوشل میڈیا پر مشغول رہتے ہیں۔ رات کے کسی بھی پہر وہ آن لائن نظر آئیں گے۔ سوشل میڈیا کا انہوں نے خوب استعمال کیا ہے اور عالمی سطح پر ایک اپنا ایک نٹ ورک بنایا ہے جس میں اردو دنیا کی نامور قد آور ہستیاں شامل ہیں۔

یحییٰ خان نے اپنی ویب سائٹ "سحر نیوز ڈاٹ کام" بھی شروع کی ہے۔ یہ اردو دنیا کی ایک نئی سحر بھی ہے جس نے اپنے صارفین پر سحر طاری کر رکھا ہے۔ اردو کے کئی اخبارات اس ویب سائٹس سے اہم خبریں اور مضامین ڈائجسٹ کر لیتے ہیں۔ اردو صحافت میں کچھ عرصہ سے غیرت اور خودداری کا فقدان محسوس ہو رہا ہے۔ سحر نیوز کی نقل کسی حوالے کے بغیر ہوتی ہے تو یہ فقدان شدت سے محسوس ہوتا ہے۔

یحییٰ خان ایک وجیہ، خوبرو صحافی ہیں۔ شعر و ادب سے ان کا لگاؤ قابل رشک ہے۔ ان کی نگارشات قلم کا مجموعہ یقیناً ہاتھوں ہاتھ لیا جائے گا۔ اور ان کی قدر و منزلت میں اور بھی اضافہ ہو گا۔

میری نیک تمنائیں ان کے ساتھ ہیں۔

☆☆☆

مالک شہر گلاب سلامت ہم پر جو بھی آئے عذاب

مقدمہ : معظم راز

یہ وہ گلی ہے جہاں آسماں بھی جھکتا ہے
اب اس گلی سے نکل کر کدھر گئے ہوتے

درج بالا شعر، صحافت اور ہمارے فیس بک صحافی رفیق یحییٰ خان کے حوالے سے ہمیشہ زیر لب آتا ہے۔ گزشتہ ایک دہے سے برادر کلاں سید مکرم نیاز کا نام سماجی رابطے کے حوالے اہم رہاہے۔ خاکسار کو سماجی رابطے کی شاخ فیس بک پر کھینچ لانے اور فعال ہونے میں ان ہی کے قریبی رفقاء جاوید نہال حشمی، سید وصی اللہ بختیاری عمری، یحییٰ خان اور محترم مرزا اسحاق بیگ کا ہاتھ شامل رہاہے۔

اکتوبر ۲۰۱۶ء میں رفاقت کے آغاز کے بعد سے فیس بک کے ان اولین ساتھیوں میں سے ایک یحییٰ خان سے ہنوز آج بھی واٹس ایپ، میسنجر وغیرہ پر تقریباً روز کی نصف ملاقات ہے۔ خاکسار کی اوائل عمری سے عادت رہی ہے کہ اپنے رفقاء کی شخصیت و فن سے متعلق جانکاری خود انہی سے حاصل کی جائے۔ شہر دکن حیدرآباد سے محض ۱۲۰ کلومیٹر کے فاصلے پر واقع تانڈور ٹاؤن (ضلع وقارآباد) آسمانی وزردسنگ سیلو یعنی "شاہ آباد کا پتھر" اور "تور کی دال" کے حوالے سے شہرت رکھتا ہے۔ یحییٰ خان، خود بھی

تانڈور کے متوطن ہیں اور وہیں سنگ سیلو کے کاروبار سے وابستہ ہیں۔ تانڈور سے روزنامہ "راشٹریہ سہارا" (اردو) کے نامہ نگار اور واٹس ایپ اور فیس بک پر کئی ایک صحافتی و ادبی گروپوں سے موصوف کی موجودہ وابستگی دیکھ کر دل ہی دل میں یہ تقاضہ شدت اختیار کرنے لگا کہ وہ اپنے ماضی اور اردو صحافت سے جڑنے کے اسباب سے راقم کو واقف کروائیں۔ ابتدأ میں موصوف کا رویہ بقول احمد فراز یوں رہا:

دوست پرسش پہ مصر اور ہمارا شیوہ
اپنے احوال کو خود سے بھی چھپائے رکھنا

یہاں اس بات کا تذکرہ غیر ضروری نہ ہو گا کہ رفاقت کی ابتداء ہی میں ہم دونوں ہی کو اپنی کئی ایک باتیں مشترک لگیں۔ سب سے زیادہ قابل ذکر بات یکساں شعری ذوق وشوق کی رہی۔ شعر و شاعری سے متعلق گزشتہ صدی کی آٹھویں دہائی سے تاحال شہر و ملک کے شعری منظر نامے بالخصوص مشاعروں اور اس سے وابستہ شعراء سے جانکاری سے متعلق ہم دونوں ہی یکساں طور پر واقفیت رکھتے ہیں۔ اکثر آپسی گفتگو کے دوران اشعار کا بر محل استعمال ہم دونوں ہی کا شیوہ ہے۔ ترجیحات میں اساتذہ شعرأ کے کلام سے پرے جدید رجحان کے حامل ہند و پاک کے شعرأ کا کلام ہماری اولین ترجیح رہا۔ جن میں افتخار عارف، ندا فاضلی، بشیر بدر، شہر دکن حیدرآباد کے جدید لب و لہجے کے شعرأ کے علاوہ فلم انڈسٹری سے وابستہ شعرأ جیسے شکیل بدایونی، مجروح سلطان پوری، راجندر کرشن، ساحر لدھیانوی، حسرت جے پوری، گلزار، جاوید اختر وغیرہ کی شاعری نہ صرف ہماری مشترکہ پسند ہے بلکہ موقع محل کے لحاظ سے ان فلمی شعرأ کے اشعار برتنے میں ہماری ترجیح بھی حیرت انگیز طور پر یکساں ہے۔

بہر حال، تفصیلی تعارف کا تقاضہ روز روز کی فرمائش بنتا گیا تو موصوف نے واٹس ایپ گفتگو میں لکھ بھیجا:

ہم سے کوئی پوچھے تو بتائیں کیا کچھ ہم پر بیت گئی
کہاں کہاں گہنائے سورج ، کہاں کہاں گہنائے مہتاب

کالج میں آیا تو انٹر کے دوران اخبار نویسی کا بہت شوق ہو چلا تھا حالانکہ معاشی حالت ایسی نہیں تھی کہ روز ایک اخبار خریدا جاتا۔ تانڈور میں، اخبارات کی دستیابی کے حساب سے ایک جگہ "منصف" اور ایک جگہ جا کر "سیاست" پڑھا کرتا تھا۔ پھر میں نے اردو اخبارات خریدنے شروع کئے۔ اس وقت بلٹز، اخبار عالم - ممبئ، فلم ایڈوانس - بنگلور، جرائم، اخبار نوجواں، اسپورٹس - دہلی یہاں تانڈور میں دستیاب تھے۔ ان دنوں ممتاز صحافی اور مدیر ہفت روزہ "گواہ" سید فاضل حسین پرویز صاحب کی نگرانی میں روزنامہ "رہنمائے دکن" میں طلبہ اور نوجوانوں کا ایک ہفتہ وار صفحہ شائع ہوتا تھا۔ ایک عنوان دیا گیا تھا جس پر میں نے ایک چھوٹا سا مضمون لکھ کر بھیجا جو شائع ہو گیا۔ وہاں سے افسانہ نگاری کی جانب راغب ہوا، منٹو، میرے پسندیدہ رائٹر ہیں۔

کئی افسانے لکھے جو زیادہ تر مخالف جہیز ہوا کرتے تھے۔ جو کہ 'فلم ایڈوانس' میں تو ہر ہفتہ شائع ہوا کرتے تھے۔ یہ جنوب کا مشہور فلمی ہفت روزہ تھا جو کہ بنگلور سے شائع ہوتا تھا۔ اس وقت حلقہ اسمبلی تانڈور پارلیمانی حلقہ حیدرآباد میں تھا۔ اویسی صاحب مرحوم یہاں سے منتخب ہوگئے، وہ تانڈور کے بہت دورے کیا کرتے، میں انکے ساتھ ہی گاؤں گاؤں گھوما کرتا تھا۔ میرا ایک افسانہ روبی میں بھی شائع ہوا تھا۔ اسی دوران میرا رجحان صحافت کی جانب ہوا۔ یہ غالباً ۱۹۸۴ء کا ذکر ہے۔ این ٹی راماراؤ، نادیندلہ

بھاسکر راؤ اور دیگر کے بیشمار جلسے ہوا کرتے تھے۔ اس وقت نہ میل تھا نہ فیکس سرویس، تو عالم یہ تھا کہ نیوز لکھ کر، نیوز سے متعلق بلیک اینڈ وائٹ تصویر فوٹو اسٹوڈیو والے سے خرید کر چار گھنٹے بس کا سفر طئے کرکے روزنامہ 'رہنمائے دکن' حیدرآباد کے دفتر تک خبریں پہنچاتا تھا۔ پھر تلگو اخبارات کی طرح سیاست، منصف نے بھی سرویس شروع کی کہ اضلاع کے نمائندے اپنی نیوز بس کے ذریعہ روانہ کریں اور املی بن بس اسٹینڈ میں انکے باکس لگائے تھے کہ نیوز کا کور اس میں ڈال دیا جائے۔ اس وقت پانچ روپے بس ڈرائیور کو دیکر نیوز کا لفافہ دیا کرتا تھا کہ املی بن بس اسٹینڈ، حیدرآباد پہنچ کر وہاں موجود باکس میں ڈال دیں۔ جبکہ ان اخبارات سے کوئی معاوضہ بھی نہیں دیا جاتا تھا۔ گویابقول افتخار عارف:

ہم بے در بے گھر لوگوں کی ایک دعا بس ایک دعا
مالک شہر گلاب سلامت ہم پر جو بھی آئے عذاب

منصف، سیاست کے دفاتر کو کئی مرتبہ گیا کہ شناختی کارڈ دیں لیکن نہیں دیئے گئے، پھر بھی لکھتا رہا۔ پھر 'اخبار عالم' - ممبئ کو خبریں پوسٹ کرنے لگا جو ہر ہفتہ شائع ہوا کرتی تھیں، اس وقت یعنی ۱۹۸۷-۸۸ میں یہاں تانڈور ٹاؤن میں اخبار عالم کے ۴۰ کاپی فروخت ہوتے تھے۔ رسالہ 'جرائم' کے شعری مقابلہ میں انہی دنوں بہترین شعر پر شاید ۲۵۰ کا انعام بھی ملا تھا۔ اس زمانے میں قلمی دوستی کا بہت شوق تھا۔ ۱۹۸۸ء میں ایک قلمی دوست سے ملاقات کے شوق نے ممبئ پہنچا دیا۔ اس وقت میری عمر محض ۱۹ سال تھی ۔ جنون کی یہ حد تھی کہ صرف ایک ماہ میں پانچ مرتبہ ممبئ اور دو مرتبہ میں نے گوا کا سفر کیا۔ اس سے قبل فلمی ہفت روزہ" فلم ایڈوانس" بنگلور میں مَیں نے مشہور گیت کار

حسرت جےئ پوری کا ایک انٹرویو پڑھا تھا اور پھر پوسٹ کارڈ کے ذریعہ میں نے ان کو مبارکباد دی تھی۔ جواب میں حسرت جےئ پوری نے مجھے پوسٹ کارڈ کے ذریعہ لکھا تھا کہ وہ انٹرویو ان کی نظر سے نہیں گزرا، لہذا میں وہ اخبار انہیں بذریعہ پوسٹ روانہ کروں سو میں نے روانہ کر دیا۔ اس کی موصولی کے جواب میں حسرت جےئ پوری نے مجھے لکھا تھا کہ جب کبھی ممبئ آنا ہو ملاقات کریں۔ میں ۵ ڈسمبر ۱۹۸۸ء کو انکی رہائش گاہ واقع کھار، ممبئ پہنچ گیا۔ جب چوکیدار کے ذریعہ ایک کاغذ پر اپنا نام لکھ کر بھیجا تو فوری حسرت جےئ پوری خود گیٹ تک آئے اور مجھے اپنے مکان میں لے گئے۔ باتوں باتوں میں مَیں نے ان سے ایک انٹرویو کی خواہش کی۔ یوں پانچ گھنٹوں تک میں حسرت جےئ پوری کیساتھ رہا اور مکمل انٹرویو لے لیا جو کہ اس وقت کے دہلی کے مشہور اسپورٹس ماہنامہ "اخبار نوجواں" میں تین صفحات پر شائع ہوا تھا۔

۱۹۸۸ء میں ہی "کل ہند بابری مسجد ایکشن کمیٹی" کا قیام عمل میں آیا تھا۔ اس وقت کے رکن پارلیمان حیدرآباد و صدر کل ہند مجلس اتحادالمسلمین سلطان صلاح الدین اویسی صاحب کو صدر بنایا گیا تھا۔ صحافت کے لئے ان سے پہلا انٹرویو لینے کا شرف مجھے ہی حاصل ہوا تھا جو "اخبارِ عالم" اردو ویکلی، ممبئ کے صفحہ اول پر شائع ہوا۔

اپنی فطری جولانی طبع کے تحت، صحافت کو میں نے شوق کی حد تک چنا کبھی اسکو پیشہ نہیں بنایا۔ حسرت جےئ پوری سے انٹرویو کے بعد میں "اخبار عالم" کے دفتر پہنچا۔ وہاں ایڈیٹر خلیل زاہد سے اور سعید حمید صاحب سے (جو اس وقت اس اخبار کا ایک مشہور کالم "تکلف بر طرف" لکھا کرتے تھے) دفتر میں ملاقات ہوئی۔ مجھے افسوس تو یہ ہیکہ حیدرآباد کے اردو اخبارات کو طویل عرصے تک مفت خبریں دینے کے باوجود کسی نے شناختی کارڈ دینا ضروری نہیں سمجھا۔ ہمیشہ ٹال مٹول کا رویہ اپنایا گیا۔ حالانکہ میں نے محبوب حسین

جگر صاحب، محمود انصاری صاحب، عطا محمد صاحب اور قیوم انور صاحب جو کہ منصف (جدید) کی ذمہ داری نبھارہے تھے، سب کو درخواست دی تھی مگر ناکام رہا۔ جبکہ "اخبار عالم"، ممبئی کے انتظامیہ نے مجھے دس منٹ میں میرا شناختی کارڈ بنا کر دیا تھا۔ بعد ازاں روزنامہ "اعتماد" کے خواتین سپلیمنٹ "آنچل" کیلئے بھی میں نے لکھا۔ سیاست، منصف اور اعتماد کو ۲۰۰۶ء تک بھی مفت خبریں اور تصاویر روانہ کیا کرتا تھا۔

۲۰۰۶ء میں جب "راشٹریہ سہارا" کا حیدرآباد سے آغاز ہوا تو میں نے درخواست دی۔ ممتاز صحافی عزیز برنی صاحب نے امیدواروں سے انٹرویو لیا تھا۔ "راشٹریہ سہارا" کی جانب سے فراہم کی گئی درخواست میں ہمیں صرف خانہ پری کرنا تھا۔ اس میں تنخواہ والے کالم کو میں نے یونہی چھوڑ دیا تھا۔ دوران انٹرویو عزیز برنی صاحب نے پوچھا تھا کہ: "آپ سہارا سے کیوں جڑنا چاہتے ہیں؟"

میرا واضح جواب تھا: "اوائل عمری سے اردو کی خدمت کا جذبہ ہے۔"

بس پھر کیا تھا میرا تقرر ہو گیا۔ یوں جون ۲۰۰۶ء سے آج تک سہارا سے جڑا ہوا ہوں۔ سہارا نے مجھے ایک پلیٹ فارم دیا اور میری صلاحیتوں کو مزید ابھارنے میں میری مدد کی۔ مدیر "گواہ" حیدرآباد جناب سید فاضل حسین پرویز صاحب کی نوازش کہ اردو صحافت میں داخلہ ہو گیا۔ اب یہ حال کہ بقول شاعر:

ہم کو جو کہنا ہے کہہ لیں گے کہ دنیا نے بھی
ہم سے آزادی افکار کی قیمت لی ہے

خان صاحب کی ان تفصیلات کو پڑھ کر میں نے نسل نو کے لئے میدان صحافت سے وابستگی کے بارے میں ان کے خیالات لکھنے کو کہا۔ ساتھ ہی اردو کے کاز میں ان کی بلا

معاوضہ خدمات کے حوالے سے افتخار عارف کے اشعار لکھ بھیجے:

عذاب یہ بھی کسی اور پر نہیں آیا
کہ ایک عمر چلے اور گھر نہیں آیا
کریں تو کس سے کریں نا رسائیوں کا گلہ
سفر تمام ہوا ہم سفر نہیں آیا

جواب میں موصوف نے حسب عادت اشعار پر ایک لمبی "واااااااہ !!" کے ساتھ مزید لکھ بھیجا:

میں نئی نسل کو مشورہ دیتا ہوں کہ وہ ہرگز موجودہ زوال پذیر عہد میں زرد پڑتی اردو صحافت کی جانب راغب نہ ہوں کیوں کہ اس سے صرف شوق پورا ہوتا ہے گھر کا چولہا نہیں جلتا۔ بقول علی ظہیر:

بیچ کر اٹھا تھا سب کچھ پھر بھی جی ہلکا نہ تھا
شاید اس بازار کی غفلت میں مَیں شامل نہ تھا
دفن کرنا خواہشوں کا اور پلٹنا گھر کی سمت
اس عمل کے شرک میں یارو کوئی داخل نہ تھا

آج کل صورتحال کچھ یوں ہے کہ اردو صحافیوں کی کوئی اہمیت نہ ادارہ والوں کے پاس ہوتی ہے اور نہ سرکاری محکمہ جات گھاس ڈالتے ہیں اور نہ ہی سیاسی جماعتیں منہ لگاتی ہیں۔ کسی کو گھر کا کھا کر ماموں کی بکریاں چَرانے کا شوق ہو تو وہی اردو صحافت کا رخ کرے۔ میں ہمیشہ کہتا رہتا ہوں کہ "گھوڑے کی قسمت خراب ہو تو وہ تانگے سے باندھا جاتا ہے اور کسی بھی اردو داں کی قسمت خراب ہو تو وہ اردو صحافت کے میدان میں آتا ہے!

اس میں ایمانداری سے صحافتی ذمہ داریاں نبھانے پر نہ پر کشش تنخواہیں ہیں اور نہ ہی کوئی ملائی حتیٰ کہ دودھ تک نہیں ملتا۔ اضلاع کے اردو صحافی صرف اکریڈیشن کارڈ، مفت بس پاس اور مفت ٹرین پاس کو ہی سب کچھ مان لیتے ہیں۔ اس میں انکی بھی غلطی ہے۔ ادارہ سے کچھ معاوضہ کی امید رکھتے ہیں اور نہ ڈیمانڈ کرتے ہیں۔

موجودہ عہد میں سیاست کی گندگی سے میدانِ صحافت کے بری طرح آلودہ ہونے اور صحافتی قدروں کے زوال سے ذاتی طور پر واقفیت رکھنے کے باعث ممکن ہے یحییٰ خان نے نوجوانوں کو مشورہ اسی تناظر میں دیا ہو۔ جبکہ دوسری جانب آج کے زوال پذیر معاشرے میں ادب و صحافت اور سماجی خدمات کے حوالے سے یحییٰ خان جیسے رفیق ملنے پر مجھے تو یہ شعر اکثر یاد آتا ہے:

کھو گئے تھے تو یہ سمجھا تھا ملو گے نہ کبھی
تم سے اس بھیڑ میں ملنا تو نشانی سی ہے !

☆☆☆

کہانی: ۱

ذہنی مفلوج و گونگے بچوں اور شوہر کی ذمہ داری سنبھالتی وفا کی مورت

موت نے بھی وہ کسی سے نہ کیا ہو شاید۔۔۔!
زندگی تو نے جو برتاؤ کیا ہے مجھ سے۔۔۔۔!!

ذہنی مفلوج و گونگے تین بچوں اور شوہر کی ذمہ داری اٹھاتی ایک وفا کی مورت
مزدوری پر جانے سے قبل بچوں کو رسی سے باندھ کر جانا ضروری، یہ بدنصیب خاندان
ہنوز سرکاری اسکیمات سے محروم

کسی بھی عورت کے لئے اس کی اولاد ایک نعمت اور اس کی زندگی بھر کا اثاثہ ہوتی ہے بھلے ہی عورت ایک ماں کے روپ میں اپنی اولاد سے کسی پھل کی امید نہ رکھتی ہو لیکن جب یہی اولاد اور ساتھ میں شوہر بھی زندگی بھر کے لئے اس عورت پر بوجھ بن جائے تو اس بیچاری کی حالت پر صرف خدا ہی رحم کر سکتا ہے پھر بھی یہ وفا کی مورت بنا کسی شکوہ و شکایت اسے اپنے مقدر کا کھیل مان کر چپ چاپ اپنی ذمہ داریوں سے کئی گنا زائد بوجھ اٹھانے میں مصروف ہے اور زبان پر اُف تک نہیں۔

یہ کہانی منڈل نواب پیٹ، تعلقہ چیوڑلہ کے موضع چٹی گڈہ کی کوثر بیگم کی

ہے۔ کوثر بیگم کے شوہر مجید خان اپنی ذہنی معذوری کے باعث اپنی ذمہ داریوں سے واقف نہیں ہیں اور نہ ہی انہیں گھر اور بچوں کی ذمہ داریوں کا کچھ احساس ہی ہے کوثر بیگم کو خدا نے تین اولادیں دی ہیں لیکن بد قسمتی سے یہ تینوں پیدائش سے ہی عقل و ہوش سے محروم ہیں ان بچوں کی ذہنی حالت کا اندازہ اس بات سے لگایا جاسکتا ہیکہ کوثر بیگم جب مزدوری کی غرض سے اپنے گھر سے روانہ ہوتی ہیں تو اپنے ان تینوں بچوں کو رسّی کی مدد سے باندھ کر جاتی ہیں تاکہ کہیں یہ ادھر ادھر نہ چلے جائیں۔

پاس پڑوس کے لوگ ترس کھا کر دوپہر کا کھانا اور پانی جانوروں کی طرح رسّی سے بندھے ہوئے ان بچوں تک پہنچا جاتے ہیں اور یہ روز کا معمول ہے کوثر بیگم کی بڑی لڑکی حسینہ ۱۶/ سالہ اور رضیہ بیگم ۱۳/ سالہ پیدائشی طور پر گونگی اور ذہنی مفلوج ہیں جبکہ ایک بیٹا ذاکر ۱۱/ سالہ پیدائشی گونگا اور چلنے پھرنے سے معذور اور ذہنی مفلوج ہے اوپر سے کوثر بیگم کے شوہر مجید خان کی ذہنی معذوری نے اس گھر کی تمام ذمہ داریوں کا بوجھ بیچاری کوثر بیگم کے ناتواں کندھوں پر ڈال دیا ہے ان تینوں بچوں کی مکمل دیکھ بھال، ان کی تمام ضروریات زندگی کی تکمیل کوثر بیگم ہی کیا کرتی ہیں۔

جب گھر کا تمام کام مکمل ہو جاتا ہے تو کوثر بیگم اپنے بچوں کو رسیوں کی مدد سے باندھ کر مزدوری کی تلاش میں نکل پڑتی ہیں جس دن کام نہیں ملتا اس دن کھانے کا فاقہ اس خاندان کا مقدر ہوتا ہے اس غریب و بدنصیب خاندان کو غربت نے اتنی مہلت ہی نہیں دی کہ وہ ان بچوں کا علاج ہی کروا سکیں بس اسے مقدر کا لکھا مان لیا اور زندگی یونہی گذر رہی ہے۔

ریاست کی کانگریسی حکومت خود کو اقلیتوں کے حقوق کا چمپئین کہتے ہوئے نہیں تھکتی لیکن حقداروں کی فہرست میں سب سے اوپر موجود رہنے والا یہ خاندان

سرکاری اسکیمات سے ہنوز محروم رکھا گیا ہے شاید اس کی وجہ اس خاندان کی مفلسی ہے کہ نہ تو یہ کوئی سرکاری پیروی کرسکتے ہیں اور نہ ہی کسی کی ہتھیلی ہی گرم کرسکتے ہیں!!

موضع کے عوام کا ایک بڑا طبقہ کوثر بیگم کی قوتِ برداشت اور حوصلے کی داد دیتے ہوئے کہتا ہے کہ مسلسل ۱۶ر سالوں سے یہ خاتون بنا کسی شکوہ شکایت کے، پہاڑ جیسی ذمہ داریوں کا بوجھ تنہا اٹھانے میں مصروف ہے۔ گذشتہ سال جب اس خاندان کی کسمپرسی کی کہانی روزنامہ راشٹریہ سہارا کے ذریعہ منظر عام پر لائی گئی تھی تو اس وقت چند درد مندان ملت نے عارضی طور پر ہی سہی مالی امداد حوالے کی تھی جس کے باعث اس خاندان کا بوجھ کچھ دنوں تک کم ہوا تھا پھر مولانا غیاث الدین صدر صفاء بیت المال حیدرآباد نے اس خاندان سے ملاقات کرتے ہوئے اعلان کیا تھا کہ وہ ہر ماہ اس خاندان کی کفالت کے لئے ۱۵۰۰ر روپیوں کی امداد دیں گے حسب وعدہ وہ ہر ماہ یہ رقم مقامی صحافی محمد شفیع کو بذریعہ بنک ارسال کرتے ہیں اور محمد شفیع اس رقم سے اناج اور دیگر اشیاء خرید کر اس خاندان تک پہنچاتے ہیں اور یہ سلسلہ بدستور جاری ہے۔

☆☆☆

کہانی: ۲

متعدد ایوارڈ کے حامل حیدر آباد کے اظہر مخصوصی

: جینا اسی کا نام ہے

شہر حیدر آباد کے علاقہ چنچلگوڑہ کے ساکن اظہر مخصوصی پیشہ سے پی اوپی کا کام کرتے ہیں ان کا کارنامہ یہ ہے کہ ایک غریب گھرانے میں پیدا ہونے والے اظہر مخصوصی گزشتہ ۲۹۱، ۳دن سے بلاناغہ دبیر پورہ فلائی اوؤر برج کے نیچے بے گھر اور غریب لوگوں کو بلا مذہب وملت ایک وقت کا کھانا فراہم کرتے آرہے ہیں۔

اسی طرح گزشتہ ۶۱۷، ۲دن سے (۱۵ڈسمبر ۲۰۲۲ءتک) اظہر مخصوصی دبیر پورہ برج کے ساتھ ساتھ حیدر آباد کے سب سے بڑے سرکاری گاندھی ہسپتال کے باہر بھی بے گھر وغریب لوگوں میں کھانا تقسیم کر رہے ہیں ان میں مریضوں کے تیمار دار بھی شامل ہیں۔ تملناڈو کے چنئی اور حیدر آباد میں شدید بارش اور سیلابی صورتحال کے دوران وہاں کے متاثرہ لوگوں کی امداد کیلئے اظہر مخصوصی کھانے کے پیاکٹ اور دیگر اشیائے ضروریہ لے کر پہنچ گئے اور وہاں بھی ان اشیاء کو بلا مذہب وملت تقسیم کی۔ اظہر مخصوصی بالخصوص نوجوانوں میں مقبولیت حاصل کرتے گئے کئی نوجوان ان کے پاس پہنچ کر بطور والینٹر خدمات انجام دیتے ہیں۔

ان کے اس کارنامہ پر حیدرآباد اور ملک کے دیگر مختلف زبانوں کے اخبارات اور علاقائی اور ملک کی مختلف زبانوں کے نیوز چینلوں کے علاوہ متعدد یوٹیوب چینلوں نے ان پر خصوصی پرگرام پیش اور مضامین شائع کئے۔ وہیں ہندی نیوز چینل زی ٹی وی نے ان پر ایک خصوصی راست پروگرام بھی پیش کیا۔ اسٹار پلس چینل پر مشہور اداکار امیتابھ بچن کی جانب سے پیش کیے جانے والے ہفتہ واری پروگرام " آج کی رات ہے زندگی" میں اظہر مخصوصی کو پیش کرتے ہوئے انکی خدمات کی زبردست ستائش کی گئی۔ اس پروگرام میں امیتابھ بچن نے اظہر مخصوصی سے پوچھا کہ اتنے اچھے پروگرام کا آئیڈیا انہیں کیسے آیا؟

تو انہوں نے بھرائی ہوئی آواز میں کہا کہ بھوک کیا ہوتی ہے اسے میں نے اپنے والد کی موت کے بعد بہت قریب سے دیکھا ہے۔ اظہر مخصوسی نے بتایا کہ مفت کھانے کے اس پروگرام کے آغاز سے قبل وہ ایک راستہ سے گزر رہے تھے کہ سڑک کے کنارے پڑی ہوئی ایک عورت کو دیکھا اور قریب ہی دکاندار سے پوچھا کہ اس عورت کو کیا ہوا ہے تو اس نے بتایا کہ تین دنوں سے اس عورت نے کچھ نہیں کھایا تب فوری اظہر مخصوصی نے ہوٹل سے کھانا خرید کر اس عورت کو کھلایا اسکے بعد انہوں نے ٹھان لیا کہ وہ بے گھر اور غریب لوگوں کو روز کھانا کھلائیں گے اس کے بعد انہوں نے روزآنہ ۱۲۰ افراد کو اسی مقام پر کھانا کھلانے کا آغاز کیا جو کہ انکی اہلیہ خود گھر میں تیار کرتی تھیں۔ اب روزآنہ اظہر مخصوصی اسی دبیر پورہ فلائی اوور برج کے نیچے ۲۵۰ سے زائد بے گھر اور غریب لوگوں کو کھانا کھلاتے ہیں۔

اتنے لوگوں کے پکوان کے لیے اب انہوں نے باقاعدہ باورچی بھی رکھ لیے ہیں اور اب ان کے اس کام کو دیکھتے ہوئے کئی درد مند لوگ ان سے رابطہ کرتے ہیں اور

مختلف طریقوں سے ان کی مدد کر دیتے ہیں۔ اظہر مخصوصی کی خاص اور اہم بات یہ ہے کہ وہ رقم لینے کو ترجیح نہیں دیتے بلکہ اناج کی شکل میں امداد حاصل کرتے ہیں۔

امیتابھ بچن کے اس پروگرام میں حیدرآباد ہی کے ایک اور سپوت ہندوستانی کرکٹ ٹیم کے سابق کپتان وسابق رکن پارلیمان محمد اظہر الدین بھی شریک تھے اور اظہر مخصوصی کے کام کو سراہا۔

نامور اداکار سلمان خان نے بھی اپنے ایک پروگرام میں ملک بھر سے سماجی خدمات انجام دینے والوں کو ایک پلیٹ فارم پر لایا تھا جن میں اظہر مخصوصی بھی شامل تھے۔ جبکہ سماجی خدمات بالخصوص کوویڈ وبا کے دوران اپنی ایک منفرد پہچان حاصل کرنے والے سونو سود نے بھی ایک نیشنل نیوز چینل کے لیے اظہر مخصوصی کا انٹرویو لیا تھا۔ سوشل میڈیا پر اظہر مخصوصی کی اپنی ایک پہچان ہے۔

اظہر مخصوصی کی جانب سے ریاست آسام کے گول پاڑہ میں بھی ۲۵۰ ہفتوں سے دوپہر کا کھانا فراہم کیا جارہا ہے۔ وہیں خواتین کے لیے ایک ٹیلرنگ ٹریننگ سنٹر بھی چلایا جارہا ہے جہاں سے ڈسمبر ۲۰۲۲ تک ۶۰۰ خواتین اور لڑکیوں کو ٹیلرنگ کی تربیت فراہم کی جاچکی ہے۔

اظہر مخصوصی کی خدمات اور پہچان سرحدوں کی محتاج نہیں ہے۔ پہلے سوشل میڈیا پھر میڈیا کے ذریعہ اظہر مخصوصی کو ان خدمات پر ۲۰۱۶ء میں دبئی کی حامل اسپلاش کمپنی کی جانب سے دبئی میں منعقد تقریب میں اظہر مخصوصی کو ہارٹ آف گولڈ (سونا کا دل) ایوارڈ عطا کیا۔

وہیں ۲۰۱۷-۲۰۱۸ میں حیدرآباد کے سب سے قدیم اور تاریخی روزنامہ ملاپ اور یدھ ویر فاؤنڈیشن کی جانب سے اظہر مخصوصی کو یدھ ویر ایوارڈ سے سرفراز کیا گیا۔ جو

کہ سب سے بڑا اعزاز مانا جاتا ہے۔ یہ ایوارڈ اس سے قبل ملک کے دو وزرائے اعظم اندر کمار گجرال اور ڈاکٹر منموہن سنگھ کے علاوہ کئی نامور اور ممتاز شخصیتوں کو دیا جاچکا ہے۔

جبکہ نامور مذہبی گرو چنّا جیار سوامی کی جانب سے اظہر مخصوصی کو رئیل لائف ہیرو ایوارڈ دیا گیا۔ وہیں ورنگل ضلع کی تنظیم کی جانب سے شانتی دُوت (امن کا سفیر) ایوارڈ اظہر مخصوصی نے حاصل کیا۔ سال ۲۰۲۰ء کے آغاز سے کوویڈ وبا اور لاک ڈاؤن کے دوران بھی ہنوز اظہر مخصوصی نے اپنا یہ کام جاری رکھا۔ اس سلسلہ میں حکومت تلنگانہ کی جانب سے اظہر مخصوصی کو ۲۰۲۱ میں کوویڈ واریئر کے ایوارڈ سے سرفراز کیا گیا۔

اظہر مخصوصی اپنا یہ کام بلا کسی ذاتی مفاد آج بھی جاری رکھے ہوئے ہیں۔ اور روزانہ حیدرآباد کے دبیر پورہ برتج کے نیچے اور گاندھی ہسپتال کے باہر ۵۰۰ سے زائد مستحق، غریب اور بے گھر افراد کو بلا کسی مذہبی تفریق ایک وقت کا کھانا کھلانے میں مصروف ہیں۔ اور ان کی یہ خدمات واقعی لائق صد ستائش ہیں۔

☆☆☆

کہانی: ۳

ماں: عظیم ہستی جس کا قرض کوئی ادا کر نہیں سکتا

ماں! تین بغیر نقطوں کے حروف سے بنا ہوا یہ ایک لفظ اور یہ ہستی دنیا کے ہر انسان کی بنیاد ہوتی ہے! جو کہ زمانے کے تھپیڑوں اور برے حالات و مصائب سے اپنے بچوں کے تحفظ اوران کی بہترین پرورش کے ساتھ انہیں بہترین تعلیم و تربیت کے ذریعہ سماج کا ایک حصہ بناتے ہوئے اسے اس قابل بناتی ہے کہ وہ سماج میں اپنا ایک مقام حاصل کرے اور ان سب کو حقیقت کا رنگ دینے کے لیے ماں کچھ بھی کر گزرنے کے لیے ہمیشہ تیار رہتی ہے۔ اسی لیے تو ماں کی گود کو بچے کا پہلا اسکول کہا گیا ہے۔

جب کوئی بچہ بیمار یا پریشان ہو جائے تو مائیں اپنی نیندیں، اپنی تمام ضروریات و خواہشات کو ممتا کی صلیب پر چڑھا کر خود کو اپنے بچے کی تیمارداری، دیکھ بھال اور اس میں جینے کا حوصلہ پیدا کرنے میں لگ جاتی ہیں۔ نامور شاعر عباس تابش نے کبھی کہا تھا کہ

ایک مدت سے میری ماں نہیں سوئی تابش
میں نے اِک بار کہا تھا مجھے ڈر لگتا ہے

لیکن یہ بھی طئے ہے کہ ماں کا قرض دنیا کی کوئی اولاد ادا نہیں کر سکتی لیکن ان کی خدمت کے ذریعہ اور انہیں دنیا کی سب سے سستی اور ساتھ ہی سب سے مہنگی دواء "میں ہوں نہ" جیسے احساس کے ذریعہ ماں کی زندگی کے باقی ماندہ کچھ سال بہتر اور طویل بنا سکتا ہے اور

اس میں جینے کا حوصلہ پیدا کر سکتا ہے۔ بقول منور رانا

یہ ایسا قرض ہے جو میں ادا کر ہی نہیں سکتا

ماں اور باپ انسان کے لیے ایک نعمت ہوتے ہیں جن کی قدر کرنا اور ان کی تمام ضرورتوں کو بلاء کسی شکوہ شکایت کے پورا کرنا بچوں کا فرض ہوتا ہے جیسے انہوں نے بچپن میں انہوں نے ان کی ہر خواہش کو پورا کیا تھا!!

کسی نے سچ ہی کہا کہ ایک ماں اور باپ لاکھ مصیبتیں برداشت کر کے، تنگ حالی اور تنگ دستی کے باوجود اپنے چار بچوں کی بناء کسی شکوہ شکایت اچھی طرح سے پرورش کرتے ہیں اور انہیں بہتر تعلیم اور تربیت کے ذریعہ سماج میں ایک اونچا مقام اور مال و دولت کمانے کے قابل بناتے ہیں پھر بھی وہ کبھی اپنے بچوں پر کوئی احسان نہیں جتاتے اور نہ ہی اپنی زندگی میں کبھی کسی قسم کا معاوضہ ہی طلب کرتے ہیں!

لیکن چند گھرانوں میں دیکھا جاتا ہے کہ جب یہی اولاد بڑی ہو کر سماج میں ایک مقام حاصل کر لیتی ہے تو Antique چیزیں تو لاکھوں روپیوں میں خرید کر اپنے گھر سجا لیتی ہے۔ لیکن انہیں اپنے ہی ضعیف ماں اور باپ ایک بوجھ لگنے لگتے ہیں! اور یہی چار بچے مل کر بھی ماں باپ کی دیکھ بھال نہیں کر سکتے!! آج کے اس ترقی یافتہ دور کی یہی تلخ حقیقت ہے!!

آج عالمی یوم ماں Mother's Day منایا جارہا ہے جو کہ مغربی تہذیب کی دین ہے۔ حالانکہ ماں ہمیشہ اور ہر دم ہر لحظہ و ہر آن پیار کرنے کی چیز ہوتی ہے۔ اسلام ہمیں ہر روز ماں باپ کی خدمت اور ان کی تعظیم کا درس دیتا ہے۔ باپ کی بھی اتنی ہی اہمیت ہے جتنی کہ ماں کی۔

"نبی کریم ﷺ سے منسوب قول ہے کہ آپ ﷺ نے ارشاد فرمایا کہ جس نے اپنے والدین کو پیار بھری نگاہوں سے دیکھا تو اسے ایک مقبول حج کا ثواب ملے گا"۔

اب جبکہ مدرز ڈے مغربی تہذیب ہے اور اب یہ سماج کا ایک حصہ بن گیا ہے کہ ہر دن کا کوئی ایک دن منایا جائے۔لازمی نہیں کہ اس کلچر کو ہم بھی منائیں!لیکن وہیں دیگر اقوام کے کلچر کی سوشل میڈیا کے ذریعہ مخالفت کرتے ہوئے ہمارے حساب سے زندگی گزارنے کی ضد کرنا یا ان سے نفرت کرنے کا بھی ہمیں حق نہیں ہے!

باپ کی اہمیت پر "طاہر شہیر" کا کلام بھی مشہور ہے۔

عزیز تر مجھے رکھتا ہے وہ رگ جاں سے
یہ بات سچ ہے مرا باپ کم نہیں ماں سے

☆☆

وہ ماں کے کہنے پہ کچھ رعب مجھ پہ رکھتا ہے
یہی ہے وجہ مجھے چومتے جھجھکتا ہے

☆☆

وہ آشنا مرے ہر کرب سے رہے ہر دم
جو کھل کے رو نہیں پاتا مگر سسکتا ہے

☆☆

جڑی ہے اس کی ہر اک ہاں فقط مری ہاں سے
یہ بات سچ ہے مرا باپ کم نہیں ماں سے

☆☆

ہر ایک درد وہ چپ چاپ خود پہ سہتا ہے
تمام عمر وہ اپنوں سے کٹ کے رہتا ہے

☆☆

وہ لوٹتا ہے کہیں رات دیر کو دن بھر
وجود اس کا پسینے میں ڈھل کے بہتا ہے

☆☆

گلے ہیں پھر بھی مجھے ایسے چاک داماں سے
یہ بات سچ ہے مرا باپ کم نہیں ماں سے

☆☆

پرانا سوٹ پہنتا ہے کم وہ کھاتا ہے
مگر کھلونے مرے سب خرید لاتا ہے

☆☆

وہ مجھ کو سوئے ہوئے دیکھتا ہے جی بھر کے
نہ جانے سوچ کے کیا کیا وہ مسکراتا ہے

☆☆

مرے بغیر ہیں سب خواب اس کے ویراں سے
یہ بات سچ ہے مرا باپ کم نہیں ماں سے

(کلام بشکریہ: ریختہ)

ماں پر مختلف شعرا کے چند اشعار یہاں پیش ہیں:

کسی کو گھر ملا حصے میں یا کوئی دکاں آئی
میں گھر میں سب سے چھوٹا تھا مرے حصے میں ماں آئی

☆☆

ماں محبت ، شفقت ، عبادت ، ریاضت
وہ لفظ ہی نہیں اُترا ، جس سے تجھے لکھوں

☆☆

منور ماں کے آگے یوں کبھی کھل کر نہیں رونا
جہاں بنیاد ہو اتنی نمی اچھی نہیں ہوتی

☆☆

گھر لوٹ کے روئیں گے ماں باپ اکیلے میں
مٹی کے کھلونے بھی سستے نہ تھے میلے میں

☆☆

لبوں پہ اس کے کبھی بد دعا نہیں ہوتی
بس ایک ماں ہے جو مجھ سے خفا نہیں ہوتی

☆☆

جب چلی ٹھنڈی ہوا ، بچہ ٹھٹھر کے رہ گیا
ماں نے اپنے لعل کی تختی جلا دی رات کو!

☆☆

سوچتی رہتی ہے ماں افسر بنے گا میرا لعل
بھوکا بچہ آج ردی میں کتابیں دے گیا

☆☆

اس طرح میرے گناہوں کو وہ دھو دیتی ہے
ماں بہت غصّے میں ہوتی ہے تو رو دیتی ہے

☆☆

چلتی پھرتی ہوئی آنکھوں سے اذاں دیکھی ہے
میں نے جنت تو نہیں دیکھی ہے ماں دیکھی ہے

☆☆

کل اپنے آپ کو دیکھا تھا ماں کی آنکھوں میں
یہ آئینہ ہمیں بوڑھا نہیں بتاتا ہے

☆☆

گھر کی اس بار مکمل میں تلاشی لوں گا
غم چھپا کر مرے ماں باپ کہاں رکھتے تھے

☆☆

شہر میں آ کر پڑھنے والے بھول گئے
کس کی ماں نے کتنا زیور بیچا تھا

☆☆☆

کہانی: ۴

باہر کبھی آپے سے سمندر نہیں ہوتا

ماں کی محنت اور جنون :

چیف منسٹر پنجاب چرنجیت سنگھ چنی کو شکست دیکر ایم ایل اے بننے والے
موبائل میکانک لبھ سنگھ کی ماں نے کل بھی اسکول میں جاروب کشی کی

کہتے ہیں کہ ہمت، عزم و حوصلہ اور زندگی میں کچھ حاصل کرنے کا جذبہ اور جنون رکھنے والے ہی کامیابی حاصل کرتے ہیں۔ صرف نیچے سے نظارہ کرنے والے کبھی بھی پہاڑوں کی چوٹیوں کو سر نہیں کرسکتے! آنکھوں میں خواب اور زندگی میں کچھ حاصل کرنے کی خواہشات ہر انسان کی آنکھوں اور دل میں ہوتی ہیں۔ لیکن اس کے لیے ایک جنون، ایمانداری اور سخت محنت درکار اور دیوانگی کی حد تک ہوتی ہے۔

ایسے ہی لوگوں میں پنجاب کے "لبھ سنگھ یوگوک" (Labh Singh Ugoke) بھی شامل ہیں۔ جو کہ ایک موبائل فون شاپ میں میکانیک کی ملازمت کرتے ہوئے پنجاب میں منعقدہ ریاستی اسمبلی کے انتخابات میں عام آدمی پارٹی کے امیدوار کے طور پر مقابلہ کیا۔

ان کا مقابلہ کسی اور سے نہیں بلکہ چیف منسٹر پنجاب (حالیہ سابق) چرنجیت سنگھ چنی سے

تھا۔ ظاہر ہے کہ ایک چیف منسٹر سے مقابلہ کرتے ہوئے کامیابی حاصل کرنا لوہے کے چنے چبانے کے مماثل تھا لیکن "لبھ سنگھ یو گوک" مقابلہ میں ڈٹے رہے اور چیف منسٹر پنجاب چرنجیت سنگھ چنّی کو پنجاب کے برنالہ ضلع کے حلقہ اسمبلی "بہادوڑ" سے ۳۷،۵۰۰ ووٹوں کی اکثریت سے شکست فاش دے دی۔

کانگریس کے چرنجیت سنگھ چنی نے اس الیکشن میں جہاں ۲۶،۴۰۹ ووٹ ہی حاصل کر پائے وہیں عام آدمی پارٹی کے امیدوار لبھ سنگھ یو گوک نے جملہ ۶۳،۹۶۷ ووٹ حاصل کرتے ہوئے اپنی شاندار کامیابی درج کروائی۔

چیف منسٹر پنجاب چرنجیت سنگھ چنّی کو شکست دے کر سیاسی پنڈتوں اور عوام کو حیران کر دینے والے لبھ سنگھ یو گوک نہ کوئی مالدار شخص ہیں اور نہ ہی ان کی بہت زیادہ سیاسی پہچان ہی تھی۔ وہ ایک موبائل شاپ میں میکانک کے طور پر ملازم ہیں۔ ۳۵ سالہ لبھ سنگھ یو گوک ۱۹۸۷ میں پیدا ہوئے اور بارہویں تک تعلیم حاصل کرنے کے بعد انہوں نے موبائل ریپیرنگ میں ڈپلومہ مکمل کیا اور ایک موبائل فون شاپ میں میکانک کی حیثیت سے ملازمت اختیار کرلی۔

لبھ سنگھ یو گوک نے ۲۰۱۳ میں عام آدمی پارٹی میں شمولیت اختیار کی تھی۔ حلقہ اسمبلی بہادوڑ سے نومنتخب رکن اسمبلی لبھ سنگھ یو گوک کے والد درشن سنگھ روزآنہ کی اجرت پر مزدوری کرتے ہیں جبکہ لبھ سنگھ کی ماں بلدیو کور ایک مقامی سرکاری اسکول میں جاروب کش ہیں۔

۱۰ مارچ آنے والے انتخابی نتائج کے بعد لبھ سنگھ یو گوک رکن اسمبلی منتخب ہو گئے لیکن ان

کی ماں نے کل ہفتہ کے دن بھی اسکول میں باقاعدہ روز کی طرح اپنی خدمات جاری رکھیں اور اسکول میں جاروب کشی کی۔

میڈیا سے بات کرتے ہوئے لبھ سنگھ یوگوک کی والدہ بلدیو کور نے کہا کہ "ہم نے ہمیشہ پیسہ کمانے اور اپنی ضرورتیں پوری کرنے کے لیے سخت محنت کی ہے۔ میرے بیٹے کی حیثیت سے قطع نظر میں اسکول میں اپنا یہ کام جاری رکھوں گی۔ اپنے بیٹے کی کامیابی پر انہوں نے کہا کہ "عام آدمی پارٹی کے امیدوار کے طور پر میرے بیٹے کی جیت سے خوشی ہوئی ہے۔ جس کی پارٹی کا نشان "جھاڑو" ہے۔

بلدیو کور نے کہا کہ "جھاڑو" میری زندگی کا ایک اہم حصہ ہے"۔ لبھ سنگھ یوگوک کی ماں بلدیو کور نے کہا کہ اگرچہ ان کے بیٹے نے ریاست کے چیف منسٹر کے خلاف الیکشن لڑا تھا۔ لیکن ہمیں ہمیشہ یقین تھا کہ میرا بیٹا جیتے گا۔"

لبھ سنگھ کے والد درشن سنگھ نے کہا کہ ان کا خاندان پہلے کی طرح عام زندگی ہی گزارے گا۔ اور وہ چاہتے ہیں کہ ان کا بیٹا خاندان کے بجائے عوام کی فلاح و بہبود پر توجہ دے۔ انہوں نے کہا حلقہ کے عوام نے اسے منتخب کیا۔ ہم چاہتے ہیں کہ وہ عوام کی فلاح و بہبود کے لیے کام کرے۔ ہم اسی طرح زندگی گزارتے رہیں گے جیسا کہ ہم پہلے سے گزارتے آئے ہیں"۔

دوسری جانب گاؤں والوں نے لبھ سنگھ کی اس شاندار جیت پر خوشی کا اظہار کرتے ہوئے کہا کہ وہ اب بھی یقین نہیں کر پا رہے ہیں کہ یوگوک کو وہ اتنے عرصہ سے جانتے تھے اب ایم ایل اے بن گئے ہیں۔ گاؤں والوں نے کہا کہ لبھ سنگھ دن رات پارٹی کے لیے کام کرتے تھے۔ ہم نے کبھی سوچا بھی نہیں تھا کہ وہ پارٹی سے ٹکٹ لے کر ایم ایل اے بن جائیں گے۔ ہم ان کی کامیابی پر خوش ہیں۔" یہاں یہ تذکرہ غیر ضروری نہ ہوگا کہ حالیہ

اسمبلی انتخابات میں بر سر اقتدار کانگریس پارٹی کو ناقابل یقین شکست سے دوچار ہو کر ریاست کے اقتدار سے محروم ہونا پڑا۔

ریاست میں موجود ۱۱۷ اسمبلی نشستوں میں سے اروند کجریوال کی عام آدمی پارٹی نے ۹۲ نشستوں پر کامیابی حاصل کی ہے جبکہ کانگریس کو صرف ۱۸ نشستوں پر اکتفا کرنا پڑا ہے۔وہیں چیف منسٹر پنجاب چرنجیت سنگھ چنی چمکور صاحب اور بہادؤر اسمبلی حلقہ جات سے اور صدر پردیش کانگریس پنجاب نوجوت سنگھ سدھو مشرقی امرتسر سے شکست سے دوچار ہوئے ہیں۔

ایک مزدور باپ اور جاروب کش ماں کے فرزند لبھ سنگھ کی کامیابی یقیناً دوسروں کے لیے ایک مثال ہے۔وہیں بیٹے کے رکن اسمبلی بن جانے کے باؤجود ماں اور باپ کی جانب سے ماضی کی طرح عام زندگی گزارنے کا اعلان ان لوگوں کے لیے ایک پیغام ہے جن کے دماغ اور رکھ رکھاؤ زراسی کامیابی یا دؤلت آجانے سے ساتویں آسمان پر پہنچ جاتے ہیں اور جنہیں اپنا ماضی کا پیشہ،غریب رشتہ دار دوست احباب معمولی نظر آنے لگتے ہیں۔شاید شاعر "اعجاز رحمانی" نے ایسے ہی لوگوں کے لیے کبھی یہ شعر کہا تھا کہ

تالاب تو برسات میں ہو جاتے ہیں کم ظرف
باہر کبھی آپے سے سمندر نہیں ہوتا

☆☆☆

کہانی: ۵

قابلِ فخر بیٹا: ضعیف اور فالج کی شکار ماں کی خدمت

قابل فخر بیٹا: اداکار پردیپ کابرا
جو فالج سے متاثرہ اپنی ماں کو پیٹھ پر اُٹھا کر تھیراپی سیشن کے لیے
سمندر کے ساحل پر پہنچتے ہیں

ماں! تین بغیر نقطوں کے حروف سے بنا ہوا یہ ایک لفظ اور یہ ہستی دنیا کے ہر انسان کی بنیاد ہوتی ہے! جو کہ زمانے کے تھپیڑوں اور برے حالات و مصائب سے اپنے بچوں کے تحفظ اور ان کی بہترین پرورش کے ساتھ انہیں بہترین تعلیم و تربیت کے ذریعہ سماج کا ایک حصہ بناتے ہوئے اسے اس قابل بناتی ہے کہ وہ سماج میں اپنا ایک مقام حاصل کرے اور ان سب کو حقیقت کا رنگ دینے کے لیے ماں کچھ بھی کر گزرنے کے لیے ہمیشہ تیار رہتی ہے۔

جب کوئی بچہ بیمار یا اپاہج ہو جائے تو مائیں اپنی نیندیں، اپنی تمام ضروریات و خواہشات کو ممتا کی صلیب پر چڑھا کر خود کو اس ایک بچے کی تیمارداری، دیکھ بھال اور اس میں جینے کا حوصلہ پیدا کرنے میں لگ جاتی ہے۔

نامور شاعر عباس تابش نے کبھی کہا تھا کہ

ایک مدت سے میری ماں نہیں سوئی تابشؔ
میں نے اِک بار کہا تھا مجھے ڈر لگتا ہے

فلمی اداکاروں کے متعلق کئی قصے عام ہوتے ہیں، ان کی نجی زندگیوں کو مرچ مسالحہ لگا کر عام کیا جاتا ہے اس سے کسی کی شبیہ متاثر ہوتی ہے تو کسی کو شہرت مل جاتی ہے۔ کیونکہ وہ فلم اداکار سے پہلے ایک انسان، پھر کسی کا بیٹا تو کسی کا بھائی ہوتا ہے۔

بالی ووڈ میں ایک ایسا اداکار آج سامنے آیا ہے جسے دیکھ کر سب یہی دعاء کریں گے کہ بیٹا ہو تو ایسا!

ورنہ فلمی دنیا کی چمک دمک میں کون ایسا بیٹا ہو گا جو اپنی ضعیف اور فالج کی شکار ماں کا گزشتہ دس سال سے بالکل اسی طرح خیال رکھ رہا ہے اور اس کی خدمت میں ایسے مصروف ہے جیسے اس کے بچپن میں اس کی ماں نے اس کے لیے قربانیاں دی تھیں!

لیکن یہ بھی طئے ہے کہ ماں کا قرض دنیا کی کوئی اولاد ادا نہیں کر سکتی لیکن ان کی خدمت کے ذریعہ اور انہیں دنیا کی سب سے سستی اور ساتھ ہی سب سے مہنگی دواء "میں ہوں نہ" جیسے احساس کے ذریعہ ماں کی زندگی کے باقی ماندہ کچھ سال بہتر اور طویل بنا سکتا ہے اور اس میں جینے کا حوصلہ پیدا کر سکتا ہے۔ بقول منور راناؔ

یہ ایسا قرض ہے جو میں ادا کر ہی نہیں سکتا

آیئے آج آپ کو ایک ایسے فرمانبردار بیٹے سے ملاتے ہیں جو گزشتہ دس سال سے فالج کے حملہ میں معذور ہونے والی اپنی ضعیف ماں کی دیکھ بھال اور اس میں زندگی کی امنگ بھرنے میں مصروف ہے۔ یہ کوئی معمولی یا بے روزگار انسان نہیں بلکہ اسی ممبئی کی بالی ووڈ کا ایک حصہ ہے جس نے زیادہ تر فلموں میں بھلے ہی منفی کردار ادا کرتے ہوئے خود پر

ویلن کی چھاپ لگا چکا ہو لیکن آج وہ اپنی ماں کی نظروں میں صرف بالی ووڈ یا ہالی ووڈ نہیں بلکہ اس دنیا کا سوپر اسٹار بیٹا ہے!

"وائرل بھیانی" جو کہ فلمی جرنلسٹ، فوٹو گرافر ہیں اور ساتھ ہی فلمی دنیا اور میڈیا میں ان کی پہچان ایک "پاپا رازی" کی ہے۔ (جن کا شوق اور پیشہ ہمیشہ اداکاروں اور مشہور شخصیتوں کا تعاقب کرتے ہوئے ان کی ویڈیوس اور فوٹوز لینا ہوتا ہے) نے گزشتہ رات اپنے انسٹاگرام کے مصدقہ اکاؤنٹ پر اداکار "پردیپ کابرا" کا ایک ویڈیو پوسٹ کرتے ہوئے لکھا ہے کہ کئی فلموں میں ویلن کا کردار ادا کرنے والے پردیپ کابرا ہمیشہ فلمی دنیا کی چمک دمک اور شہرت سے دور رہتے ہیں۔

وائرل بھیانی نے انسٹاگرام پر پردیپ کابرا کے دل کو چھو لینے والے اس ویڈیو کے ساتھ مزید لکھا ہے کہ 'سیٹائی، دل والے، تینالی راما، باغی، سوریہ ونشی، دہلی بیلی اور وانٹیڈ جیسی کئی ایک فلموں میں اداکاری کرنے والے پردیپ کابرا کی ماں پر دس سال قبل فالج کا حملہ ہوا تھا اور جب سے اس نے ہمت نہیں ہاری اور اس نے اپنی پوری کوشش کی کہ اس کی ماں کی صحت پہلے کی طرح معمول پر لوٹ آئے۔

اداکار پردیپ کابرا روزانہ ماں کو اپنی پیٹھ کر اٹھا کر ساحل سمندر پر لے جاتا ہے اور یہ اس کے تھراپی سیشن کا ایک خوبصورت دل کو چھو لینے والا ویڈیو کلپ ہے۔ ہماری خواہش ہے کہ ہر ماں کا ایک ایسا ہی بیٹا ہو جو بڑھاپے میں ان کی دیکھ بھال کرے۔

وائرل بھیانی کی جانب سے پوسٹ کیے گئے اس ویڈیو میں دیکھا جا سکتا ہے کہ کیسے اداکار پردیپ کابرا اپنی ضعیف ماں کو اپنی پیٹھ کر اٹھا کر سمندر کے ساحل پر پہنچتا ہے۔ بالکل اسی طرح جب وہ چھوٹا تھا تو ماں نے اسے اٹھایا تھا۔

پھر وہ اپنے دونوں ہاتھوں کا سہارا دیتے ہوئے اپنی ماں کو ساحل کی ریت پر چلاتا ہے، جیسے

اس کی ماں نے اسے اپنی انگلی پکڑ کر چلنا سکھایا تھا!

پھر ساحل کی ریت پر وہ اپنی فالج سے متاثرہ ماں کو سمندر میں ٹھاٹھیں مارتی ہوئی لہروں تک لے جاتا ہے۔ جب ماں تھک جاتی ہے تو اس کو اپنے دونوں ہاتھوں میں اٹھاکر واپس ہوتا ہے۔ اس تھیراپی کے دوران تھکی ہوئی اپنی ماں کو ایک کرسی پر بٹھاکر اس پر پانی انڈیلتا ہے!

پردیپ کابرا کے متعلق اگر بات کی جائے تو ان کی پیدائش راجستھان کے کوٹہ میں ہوئی اور ان کی تعلیم صرف چوتھی جماعت تک ہی ہوپائی۔ پردیپ کابرا نے فلموں میں کام کرنے کے شوق کے ساتھ بمبئی پہنچے جہاں انہوں نے مشہور ٹی وی سیریلس سی آئی ڈی، کرائم پاٹرول، عدالت، مہارانہ پرتاپ کے علاوہ سنٹر فریش، کیاڈبری، امول ماچو کے علاوہ کئی ایک مشہور برانڈس کے اشتہارات میں کام کیا۔

انہیں پہلی مرتبہ ۲۰۰۴ میں ابھیشیک بچن اور بھومیکا چاؤلا کے ساتھ فلم رن میں کام کرنے کا موقع ملا۔ بعد ازاں انہوں نے سلمان خان کی فلم دبنگ، وانٹیڈ، اکشے کمار کی فلم کھلاڑی ۷۸۶، رتھیک روشن کی فلم بیانگ بیانگ، شاہ رخ خان اور کاجول کی فلم دل والے، سیف علی خان، ارمیلا ماتونڈکر کی فلم ایک حسینہ تھی، عمران خان کی فلم دہلی بیلی، شاہد کپور اور سوناکشی سنہا کی فلم آر۔ راج کمار، فلم اب تک چھپن،

اکشے کمار اور متھن چکرورتی کی فلم باس، سنجے دت، رتیش دیشمکھ، ارشد وارثی اور جاوید جعفری کی فلم ڈبل دھمال۔ اجے دیوگن اور پریش راویل کی فلم اتیتھی کب جاؤگے کے علاوہ دیگر ہندی اور علاقائی فلموں میں ویلن کے اور دیگر رول ادا کیے۔ اداکار پردیپ کاپرا کی جانب سے اپنی ضعیف کی خدمت کو دیکھ کر رشک آتا ہے کہ بیٹا ہو تو ایسا ہو!!

وہیں آج معاشرہ کی جانب نظر گھما کر دیکھا جائے کہ ہمارے معاشرہ میں ایسی کتنی اولادیں

ہیں جنہیں تاکید کرتے ہوئے والدین کے حقوق اور ان کی اہمیت بتائی گئی ہے کہ ماں کے قدموں کے نیچے جنت ہے اور باپ جنت کے دروازوں میں سے بیچ کا دروازہ ہے۔ ان کا اپنے ماں باپ کے ساتھ کیسا سلوک اور رویہ کیا ہے ؟

بد قسمتی سے معاشرہ میں ایسی اولادیں بھی موجود ہیں جو کہ لاکھوں روپیوں کی قدیم اور نادر اشیاء Antique کو خرید کر اپنے گھروں میں سجانے کو باعث فخر سمجھتے ہیں۔ لیکن ان کے اپنے گھروں میں موجود ضعیف اور بے بس والدین کی اہمیت سوائے ایک ناقابل استعمال قدیم فرنیچر کے کچھ نہیں ہوتی اور راتوں میں ان کی کھانسی کی آواز بھی ایسی اولادوں کو تکلیف کا باعث بنتی ہے!!

☆ ☆ ☆

वाले
TITAN

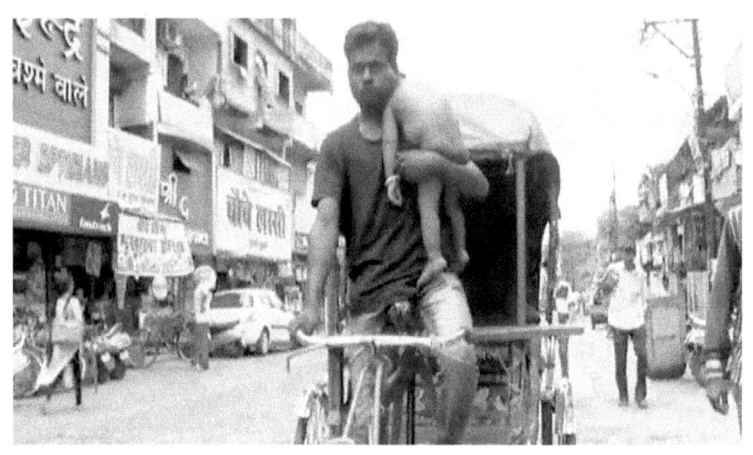

کہانی: ٦

جبلپور کا باپ: ایک ہاتھ میں بچہ
دوسرے ہاتھ سے رکشہ

"جینے کے لیے سوچا ہی نہیں درد سنبھالنے ہوں گے"

جبلپور کا ایک ایسا باپ جس کے ایک ہاتھ میں ایک سالہ بچہ ہوتا ہے

اور ایک ہاتھ سے رکشہ چلاتا ہے

ملک میں عوام کی بہت بڑی تعداد سطح غربت سے نیچے زندگی گزار رہی ہے۔ حکمرانوں نے ہر سال دو کروڑ نوکریاں، ۲۰۲۲ تک ہر ایک کو گھر، ہوائی چپل پہننے والوں کو ہوائی جہاز کا سفر جیسے کئی خواب دکھائے تھے۔ اس کے علاوہ بھی سپنوں کے سوداگروں نے کئی خواب دکھائے تھے۔ لیکن اس کا اثر ہی الٹا ہو گیا۔

مہنگائی آسمان چھو رہی ہے، پٹرول، ڈیزل اور پکوان گیس کی قیمتوں میں آگ لگی ہوئی ہے، غریب تو دور اب مڈل کلاس طبقہ بھی معاشی مسائل کا شکار ہو گیا ہے۔ رہی سہی کسر کورونا وباء نے پوری کر دی، لاکھوں لوگ بیروزگار اور قرضوں کے شکار ہو گئے۔ حکومت خود فخر سے احسان جتاتی ہے کہ ۱۳۰ کروڑ کی آبادی والے ملک میں ۸۰ کروڑ افراد کو مفت راشن فراہم کیا جا رہا ہے۔ وہیں وزیر اعظم خود کہتے ہیں کہ الیکشن جیتنے کے لیے "مفت کی

ریوڑیاں" تقسیم کرنا ملک کے لیے تباہ کن ہے۔ جبکہ چند بھگوڑے ملک کے بینکوں سے لاکھوں کروڑ روپئے لے کر بیرون ممالک فرار ہوگئے اور وہاں عیش کی زندگیاں بسر کررہے ہیں۔ اور چند ملک میں ہی آرام کی زندگی بسر کررہے ہیں!!

خیر یہ تو تھا حکومت کے وعدوں اور مڈل کلاس کی پریشانیوں کا ذکر۔ ایسے میں تو غربا کا کیا حال ہوگا سوچ کر ہی روح کانپ جاتی ہے جن کا مقدر ہی روز کنواں کھودنا اور روز پانی پینا ہوتا ہے۔

ایسے میں مدھیہ پردیش کے جبلپور کے ایک انتہائی افسوسناک ویڈیو کی سوشل میڈیا بالخصوص ٹوئٹر پر سونامی آئی ہوئی ہے جس میں دیکھا جاسکتا ہے کہ ایک رکشاراں اپنے دائیں ہاتھ میں مکمل طور پر برہنہ اپنے ایک سالہ چھوٹے بچہ کو اٹھائے ہوئے ہے اور سیدھے ہاتھ سے رکشا کا ہینڈل پکڑا ہوا رکشا چلارہا ہے۔

اطلاعات کے مطابق راجیش نامی اس شخص کا یہ روز کا معمول ہے اور روز وہ اسی حالت میں شہر کی سڑکوں پر اپنے رکشا اور اپنے بچہ کو اٹھائے نظر آتا ہے۔ تاکہ اس طرح رکشا چلا کر کچھ رقم کما سکے اور اپنے اس بچہ کے ساتھ اپنی ایک اور لڑکی کو دو وقت کی روٹی فراہم کرسکے جسے وہ روز اپنی جھونپڑی میں تنہا چھوڑ آتا ہے۔ اور دن بھر جبلپور میں سواریاں تلاش کرتا ہے۔ جب سواریاں ملتی ہیں تو ایک ہاتھ سے اپنے بچہ کو کندھے پر ڈالے ہوئے دوسرے ہاتھ سے رکشہ کا ہینڈل پکڑ کر چلاتا ہے۔

خاندان کی پرورش کسی کے لیے آسان کام نہیں ہے۔ اس کے لیے سخت محنت کرنی پڑتی ہے۔ مدھیہ پردیش کے جبلپور میں سائیکل رکشا چلانے والا ایک مثال ہے۔ ممتا کا کوئی متبادل نہیں ہوتا لیکن راجیش کو دیکھ کر لگتا ہے کہ باپ بننا آسان نہیں ہے جو کہ ایک ساتھ ماں اور باپ کا فرض ایک ساتھ نبھارہا ہے۔

نیوز۔۲۴ کی رپورٹ کے مطابق راجیش کی بیوی اپنے ان دو کمسن بچوں اور شوہر راجیش کو چھوڑ کر اپنے عاشق کے ساتھ فرار ہو گئی۔ اس کے بعد سے راجیش ہی ان دونوں بچوں کی رکشا چلا کر پرورش کر رہا ہے۔

راجیش نامی یہ رکشاراں شہر کی سڑکوں پر سائیکل رکشہ چلاتے ہوئے اپنے ننھے بچے کو ایک ہاتھ میں اٹھائے ہوئے ہوتا ہے۔ اس ویڈیو کے سوشل میڈیا پر وائرل ہونے کے بعد سوشل میڈیا صارفین اس کی مدد کے لیے آگے آئے ہیں۔ اور مختلف لوگ اس شخص کی تفصیلات طلب کر رہے ہیں۔

☆ ☆ ☆

کہانی: ۷

تم ساتھ دو تو چلیں ہم آسماں تک

ضعیف جوڑے کا بین الاقوامی سفر:

کیرالا کا کافی شاپ چلانے والا ضعیف جوڑا

امریکہ، برطانیہ، نیوزی لینڈ، سوئزر لینڈ، فرانس، جرمنی اور برازیل گھومنے کے بعد

اب ۲۱ اکتوبر سے بیرون ممالک کے ۲۶ ویں دورہ کے لیے تیار

زیادہ تر افراد کا شوق سفر اور سیر و تفریح کرنا ہوتا ہے بہت کم افراد ایسے ہوتے ہیں جنہیں سفر اور سیر و تفریح کا شوق نہیں ہوتا۔ ماہرین بالخصوص ماہرین نفسیات کہتے ہیں کہ کم از کم سال میں ایک مرتبہ سفر کرنے اور سیر و سیاحت کے لیے جانے سے انسانی دل و دماغ پر اس کے مثبت اثرات مرتب ہوتے ہیں۔ ماہرین کا یہ بھی کہنا ہے کہ اگر بیرون ممالک سیاحت کے لیے جانا ممکن نہیں تو اپنے ہی ملک کے سیاحتی علاقوں پر جانے سے دماغی کارکردگی میں اضافہ ہوتا ہے اور دماغ پہلے سے زیادہ فعال ہو جاتا ہے۔

سیر و تفریح سے شدید ذہنی دباؤ کے شکار شخص کے ڈپریشن میں ۸۰ فیصد سے زائد کمی آجاتی ہے نئے مقامات اور نئی جگھوں کو دیکھنے اور نئے نئے لوگوں سے ملاقات ڈپریشن کو

ختم کرتا ہے۔

ماہرین کا یہ بھی کہنا ہے کہ سیاحت کے لیے جانے والوں میں امراض قلب بھی کم ہوتے ہیں۔وہیں سیر و تفریح کے ذریعہ جتنے زیادہ تجربات حاصل کیے جاتے ہیں اس سے انسان کے خوف میں کمی بھی ہوتی ہے۔

تخلیقی صلاحیتوں کے مالک افراد میں سیاحت کے ذریعہ مزید صلاحیتوں کا اضافہ بھی ہوتا ہے۔ماہرین کا یہ بھی کہنا ہے کہ سفر و سیاحت سے مشکلات کا سامنا کرنے کی قوت میں اضافہ کے ساتھ ساتھ مصائب و مشکلات کا سامنا کرنے کی طاقت میں اضافہ ہوتا ہے۔

وہیں ماہرین کے مطابق اپنے خاندان یا دوست واحباب کے ساتھ سفر وسیاحت کرنے سے اس پورے سفر و سیاحت کے دوران ان میں محبت، خلوص، اپنا پن پیدا ہوتا ہے اور وہ رشتوں کو نبھانے میں پہلے سے زیادہ فعال ہو جاتے ہیں۔

یہ تو تھے ماہرین کے صلاح ومشورہ!

آیئے اب آپ کو کیرالا کے ایک ایسے ضعیف جوڑے سے ملاتے ہیں جو اب تک ہندوستان سے باہر ۲۵ بیرون ممالک کا دورہ کر چکا ہے اور اب بیرون ممالک کے ۲۶ ویں دورہ کی تیاریوں میں مصروف ہیں۔

ایسا بھی نہیں ہے کہ یہ کوئی کروڑپتی یا مالدار جوڑا ہے یا پھر اپنے بزنس ٹرپ کی غرض سے ممالک کا دورہ کرتا ہے ایسا بھی نہیں ہے کہ یہ جوڑا بیرون ممالک میں موجود اپنے بچوں سے ملنے کی غرض سے جاتا ہے۔

یہ ۷۰ سالہ جوڑا ہے جن کا تعلق کیرالا کے کوچی سے ہے۔

کے آر وجین ۷۱ سالہ اور ان کی بیوی موہنا ۶۹ سالہ کوچی میں سلیم راجن روڈ، گاندھی نگر

میں "سری بالاجی کافی شاپ" چلاتے ہیں جسے اس جوڑے نے اپنے بچوں کی تعلیم و تربیت اور ان کی شادیوں کی ذمہ داریوں سے آزادی کے بعد ۲۷ سال قبل یعنی ۱۹۹۴ء میں قائم کیا تھا۔

کے آر و جین اور موہنا کی شادی ۱۹۶۴ میں ہوئی تھی اور تب سے یہ دونوں سیر و سیاحت کے شوقین ہیں۔ اپنے اس شوق کی تکمیل کے لیے اس جوڑے نے رقم جمع کرنے کی غرض سے اپنی کافی شاپ قائم کی اس کافی شاپ سے روزآنہ زائد از ۵۰۰ گاہک استفادہ کرتے ہیں جہاں کافی کے ساتھ ساتھ ناشتہ، اسناکس اور پھل بھی فروخت کیے جاتے ہیں جس سے اس جوڑے کو اچھی آمدنی ہو جاتی ہے۔اس جوڑے نے سیر و سیاحت کے اخراجات جمع کرنے کی غرض سے ایک اصول اپنالیا کہ روزآنہ ۳۰۰ روپۓ الگ جمع کیے جائیں اور سال میں ایک مرتبہ غیر ممالک کی سیاحت پر جایا جائے۔

آپ کو یہ جان کر حیرت ہو گی کہ کے آر و جین اور ان کی بیوی موہنا اب تک ۲۵ ممالک کی سیر و تفریح کر چکے ہیں، جن میں برطانیہ، فرانس، آسٹریا، متحدہ عرب امارات، نیوزی لینڈ، جرمنی، آسٹریلیا، امریکہ، برازیل، اسرائیل، چین، سنگاپور اور سوئزرلینڈ کے علاوہ دیگر ممالک شامل ہیں۔ سوئزرلینڈ، سنگاپور اور نیویارک ان کے پسندیدہ مقامات ہیں۔

کے آر و جین اور ان کی بیوی موہنا نے سیاحت کی غرض سے ۲۰۰۷ء میں اپنا پہلا بیرون ملک دورہ مصر کا کیا تھا، یہ جوڑا جس کسی ملک کا دورہ کرتا ہے وہاں کے پوسٹرس اور یادگار تصاویر کو اپنی کافی شاپ میں آویزاں کرتا ہے۔

اس جوڑے کا کہنا ہے کہ اپنے خوابوں اور خواہشات کی تکمیل کے لیے ایک جنون کا ہونا اور اپنے دل کی بات کو ماننا لازمی ہے اور اس دنیا میں کچھ بھی ناممکن نہیں ہے۔ اس جوڑے کے بیرون ممالک سیاحت کے شوق اور خواہش کی اطلاع عام ہوئی تو ۲۰۱۹ء میں

مہندرا گروپ کے چیئرمین آنند مہندرا نے اس جوڑے کو پیشکش کی کہ ان کی جانب سے ان کے سفر کے اخراجات ادا کرتے ہوئے انہیں اسپانسر کیا جائے گا۔

آر کے وجین اور ان کی بیوی موہنا نے ڈسمبر ۲۰۱۹ء میں آسٹریلیا اور نیوزی لینڈ کا آخری سیاحتی سفر کیا تھا۔ اس کے بعد سال ۲۰۲۰ کے آغاز میں پوری دنیا میں کوویڈ وبا کا آغاز ہوا جس کے باعث بین الاقوامی سفر پر پابندی عائد کردی گئی تھی۔

اب جبکہ کوویڈ وبا کا زور کمزور پڑ چکا ہے اور بین الاقوامی سفر پر سے پابندیاں بھی ہٹالی گئی ہیں تو ان کے مستقل ٹراویل ایجنٹ نے ان سے کہا کہ بیرون ممالک سفر کا آغاز ہو گیا ہے تو انہوں نے فوری کہا کہ پہلے ان کے ناموں کا اندراج کرلیا جائے۔

آر کے وجین اور ان کی بیوی موہنا اپنے بیرون ممالک کے ۲۶ ویں سفر کے لیے اپنے سفری بیاگ تیار کرنے میں مصروف ہیں۔ یہ دونوں ۲۱ اکتوبر کو بیرون ممالک سفر پر روانہ ہونے والے ہیں اور اب وہ روس جائیں گے۔ انہیں امید ہے کہ وہ اپنے اس دورہ کے موقع پر صدر روس ولادمیر پوٹین سے ملاقات کریں گے۔

کے آر وجین نے میڈیا کو بتایا کہ ان کا یہ دورہ ایک ہفتہ کا ہوگا اور وہ ۲۸ اکتوبر کو ملک واپس آجائیں گے۔ انہوں نے کہا کہ اب اس سفر کے دوران ان کے ساتھ ان کے پوتے پوتیاں اور نواسے نواسیاں بھی ہوں گے۔

☆☆☆

کہانی: ۸

رتن ٹاٹا جیسی نامور اور بڑی شخصیت کا نوجوان دوست

"وفا بھی شرط ہے اے دوست دوستی کے لیے"

رتن ٹاٹا جیسی نامور اور بڑی شخصیت کے گلے میں ہاتھ ڈال کر ہمیشہ ان کے ساتھ رہنے والا یہ نوجوان آخر ہے کون؟

دوستی! دنیا کا ایک ایسا بے لوث رشتہ جو کئی بار خونی رشتوں پر بھاری پڑ جاتا ہے۔ مگر وفاداری، ایمانداری، بے غرضی ایک دوسرے کو برداشت کرنے کی طاقت، ایک دوسرے کی اچھائیوں اور برائیوں کو نظر انداز یا قبول کرتے ہوئے دوستی نبھانا کسی بھی دوستی کی بنیاد ہوتے ہیں۔ دوستی نہ سرحدیں دیکھتی ہے، نہ ذات پات، نہ مذہب نہ اونچ نیچ اور نہ ہی عمر! یہ ان تمام اور سماجی انسانی بندشوں سے یکسر آزاد ہوتی ہے۔ کہتے ہیں کہ جب دو ذہن ملتے ہیں تو ہی گہری دوستی ہے!

ان دنوں سوشل میڈیا کے تمام پلیٹ فارمز پر ایک ویڈیو سونامی کی طرح وائرل ہوا ہے۔ جو ملک کے مشہور صنعت کار رتن ٹاٹا کا ہے جن کے ساتھ ایک نوجوان بھی ہے اور یہ دونوں ایک دوسرے کے ساتھ انتہائی بے تکلفی برت رہے ہیں۔

۲۸ ڈسمبر کو ٹاٹا گروپ کے مالک رتن ٹاٹا کی ۸۴ ویں سالگرہ تھی اس وقت لیے گئے ویڈیو

میں دیکھا جاسکتا ہے کہ کس طرح ملک اور دنیا کی اتنی بڑی، نامور اور مشہور شخصیت ایک لڑکے کے ساتھ ایک موم بتی پھونک کر ایک انتہائی چھوٹے سے کیک سے اپنی سالگرہ منا رہی ہے اور یہ لڑکا کیک کا چھوٹا سا ٹکڑا رتن ٹاٹا کے منہ میں رکھتا ہے اور رتن ٹاٹا کے کندھے پر بالکل ایسے ہاتھ رکھتا ہے جیسے یہ ان کا کوئی بے تکلف دوست ہو!

جبکہ کئی صنعتوں کے مالک اور سماجی خدمات میں اپنا ایک ریکارڈ رکھنے والے رتن ٹاٹا جن کا شمار بلنیئرس میں ہوتا سے صرف ملاقات کے لیے مہینوں لگ جاتے ہیں اور ملاقات کے وقت سیکیورٹی کے کئی مراحل طئے کرنا پڑتا ہے۔ تو یہ نوجوان آخر کون ہے جو ان کے اتنا قریب ہے! کیا یہ نوجوان ان کا کوئی رشتہ دار ہے!

جی نہیں آپ کو حیرت ہوگی کہ یہ ۲۸ سالہ نوجوان ۸۴ سالہ رتن ٹاٹا کا دوست اور ان کا معاون خاص ہے اور ان دونوں کے درمیان موجود بے تکلفی دیکھنے والوں کو حیران کردیتی ہے اس ۲۸ سالہ نوجوان کا نام شنتانو نائیڈو ہے۔ جن کا تعلق مہاراشٹرا کے پونہ سے ہے۔

رتن ٹاٹا کے سوشل میڈیا آئی ڈیز اور سماجی خدمات کی دیکھ ریکھ اور منصوبہ کی تیاری اس ۲۸ سالہ شنتانو نائیڈو کے ذمہ ہی ہے۔ اور شنتانو نائیڈو ٹاٹا کے بانی رتن ٹاٹا کے پاس ڈپٹی جنرل مینجر (چیرمین آفس) کے طور پر بھی خدمات انجام دیتے ہیں۔

بتایا جاتا ہے کہ ایک دن شنتانا نائیڈو اپنی کار کے ذریعہ دفتر سے گھر واپس ہورہے تھے کہ انہوں نے دیکھا کہ کسی گاڑی کی ٹکر سے مرے ہوئے ایک کتے کی لاش سڑک پر پڑی ہوئی ہے۔ جس سے متاثر ہو کر انہوں نے دوستوں کے ساتھ مل کر کتوں کے لیے ریڈیم کلر کیے جائے پٹے تیار کیے اور تا کہ رات کے وقت گاڑی چلانے والوں کو یہ کتے دور سے ہی نظر آجائیں۔ اطلاعات کے مطابق شنتانو نائیڈو کا یہ پراجکٹ اب ایک بزنس کی

طرح ملک کے ۲۲ سے زیادہ شہروں اور نصف درجن ممالک میں پھیلا ہوا ہے۔

کئی لوگوں نے ان سے ایسے بیلٹ طلب کیے جبکہ آوارہ کتوں کو انہوں نے اپنے دوستوں کی مدد سے یہ بیلٹ پہنچائے۔ ایسے بیلٹ تیار کرنے کے لیے شنتانا نائیڈو کے پاس رقم نہیں تھی تو ان کے والد کے مشورہ پر انہوں نے ٹاٹا گروپ کو ایک خط لکھ کر اس پراجکٹ کے لیے مدد طلب کی۔ جس پر اس پراجکٹ کے لیے مالیہ فراہم کرنے کا وعدہ کرتے ہوئے انہیں فوری ممبئی آنے کی ہدایت موصول ہوئی اس طرح شانتانو نائیڈو نے ٹاٹا گروپ کی مدد سے "موٹوپاس" پراجکٹ کا آغاز کیا۔

دراصل تحفظ جانوران مہم کے دوران رتن ٹاٹا اور شنتانا نائیڈو کے درمیان پہچان ہوئی یہ دونوں جانوروں سے کے تحفظ سے متعلق مختلف امور پر بات کرتے،ای۔ میلس کے ذریعہ ان میں تعلق مزید بڑھتا گیا۔ اسی دوران رتن ٹاٹا کو شنتانا نائیڈو نے سوشل میڈیا کے مختلف پلیٹ فارمس سے واقف کروایا اور اس دوَر میں ان کی اہمیت و افادیت بتائی۔ ٹوئٹر، انسٹاگرام، فیس بک کا استعمال اور ان پر پوسٹنگس، ہیش ٹیگ اور ایموجیز کے استعمال کا طریقہ بھی شنتانا نے رتن ٹاٹا کو سکھایا۔

وہیں کاروبار سے متعلق کئی طریقے بھی بتائے اور مشورے بھی دیئے۔ ٹاٹا ٹرسٹ کی جانب سے ۲۰۱۷ میں جانوروں کے علاج اور ان کے تحفظ کے لیے " پیوپل فار اینیمل" "People For Animal" نامی تنظیم کے ساتھ مل کر ۱۰۰ کروڑ روپئے کے صرفہ سے ایک ہاسپٹل کی تعمیر کا اعلان کیا جو اب افتتاح کے لیے تیار ہے۔

اس دوران رتن ٹاٹا اور شنتانو نائیڈو کے درمیان عمر کا اتنا بڑا فرق، ایک دوسرے کی سوچ اور سوچنے کی صلاحیت کبھی بھی ان دونوں کی دوستی اور کاروبار کے درمیان حائل نہیں

ہو پائے دوستی اتنی گہری ہوتی چلی گئی کہ یہ دونوں عمر اور دیگر کئی معاملات میں بہت زیادہ فرق کے باوجود ایک دوسرے کے کندھوں پر ہاتھ رکھ کر بات کرتے ہیں۔

شنتانو نائیڈو "میٹو پاس کمپنی" کی ذمہ داری سنبھالتے ہوئے ہی اعلیٰ تعلیم کے حصول کی غرض سے امریکہ روانہ ہوئے۔ وہاں کی کارنیل یونیورسٹی میں ڈگری کی تکمیل کے موقع پر منعقدہ تقریب میں خود رتن ٹاٹا شریک ہوئے تھے۔ بعد ازاں بھارت واپس آنے کے بعد رتن ٹاٹا کی خواہش پر شنتانو نائیڈو نے ٹاٹا گروپ جوائن کیا۔ رتن ٹاٹا اپنے اس دوست شنتانو نائیڈو کے متعلق کہہ چکے ہیں کہ "اس نوجوان کی عمر بھلے ہی کم ہے لیکن اس میں صلاحیتیں کوٹ کوٹ کر بھری ہیں اور یہ لڑکا بہت ہی قابل اور سمجھدار ہے"۔

کورونا وبا کے دوران رتن ٹاٹا نے مختلف طریقوں سے عوام کی مدد کی اور یہ سارے امدادی کام شانتانو نائیڈو کی نگرانی میں ہی انجام دیئے گئے۔ فی الوقت شنتانو نائیڈو معمر اور ضعیف افراد کے ساتھ ساتھ دیگر مستحقین کے لیے کئی ایک پراجکٹ چلانے میں مصروف ہیں اور کئی ایک پروگرامس کا آغاز کرنے والے ہیں۔

☆☆☆

کہانی: ۹

پپا کی حلیم: سات سالہ بیٹے کی اشتہار بازی نے مشہور کر دیا

"پڑھی ہیں باپ کے چہرے کی جھریاں میں نے"
حیدر آباد میں سات سالہ عدنان نے اپنے تشہیری انداز سے "پپا کی حلیم" کو مشہور کر دیا،
والد کے "حلیم سنٹر" پر گاہکوں کا ہجوم - کئی اہم شخصیتوں نے کھائی حلیم
عدنان کی بھرپور ستائش

عوامی جذبات اور منفرد لب ولہجہ کے نامور شاعر معراج فیض آبادی نے کبھی کہا تھا کہ

مجھ کو تھکنے نہیں دیتا یہ ضرورت کا پہاڑ
میرے بچے مجھے بوڑھا نہیں ہونے دیتے

واقعی ہر باپ اپنی آخری سانس تک اپنے بچوں کی فکر کرتا ہے۔ جب تک اس کی صحت ساتھ دیتی ہے، اس کی ہڈیوں اور کاندھوں میں ذمہ داریوں کے بوجھ کو اٹھانے اور برداشت کرنے کی طاقت ہوتی ہے وہ بنا کسی شکوہ وشکایت کے اپنی اولاد کو دنیا کی ہر خوشی فراہم کرنے کے لیے اپنی خود کی خوشیوں اور خواہشات کو ذمہ داریوں کی صلیب پر

چڑھا دیتا ہے اس کے باوجود وہ اپنی اولاد سے کوئی امید نہیں رکھتا کہ وہ اس کی قربانیوں کا حق ادا کریں یا پھر اس کا صلہ اسے ضرور دیا جائے۔

وہیں معاشرہ کی ایک تلخ حقیقت یہ بھی ہے کہ کئی ایسے والدین ہیں جو اپنے بچوں کی غیر ذمہ داری اور لاپرواہی سے پریشان ہیں۔ چند والدین ایسے ہیں جن کے بچے جوان اور تعلیمیافتہ ہونے کے باوجود بیروزگاری کی وجہ سے ان پر ذمہ داریوں کا مزید بوجھ ڈالے ہوئے ہیں۔ تو ایسے بچے بھی ہیں جو شادی کے بعد والدین کے احسانوں کو فراموش کر دیتے ہیں اور میں، میری بیوی، میرے بچوں کی سوچ تک محدود ہو جاتے ہیں۔!

یہ بات مشہور ہے کہ دنیا میں "صرف ایک ہی شخص ایسا ہوتا ہے جو یہ چاہتا ہے کہ اس کے بچے اس سے زیادہ ترقی کریں اور وہ شخص باپ ہوتا ہے"!

تمام والدین چاہتے ہیں کہ ان کے بچے ان کی خواہشات پر پورا اتریں۔ اولاد کا بھی یہ فرض بنتا ہے کہ جب وہ خود مختار ہو جائیں، کمانے لگیں تو اپنے والدین کی ضعیفی میں ان کا سہارا بنیں۔ ان کی جھکی ہوئی کمر کے لیے "جب ایک لکڑی ان کا سہارا بن سکتی ہے تو اولاد کیوں نہیں؟ ایسے میں گزشتہ چند دنوں سے سوشل میڈیا پر ایک ایسے معصوم و کمسن بچے کا ویڈیو وائرل ہوا ہے جس کے ذریعہ ایک سات سالہ لڑکے نے اپنی صلاحیتوں اور معصومیت کے ذریعہ ایسا کمال کر دیا کہ وہ اتنی چھوٹی عمر میں اپنے والد کا سہارا بن گیا۔ اور ان کے کاروبار کو شہرت عطا کر دی جو کہ یکم رمضان سے قائم اپنے حلیم سنٹر پر گاہک نہ آنے سے شدید پریشان تھے۔

اس ہونہار محمد عدنان کا سوشل میڈیا پر وائرل ویڈیو دیکھ کر حیدرآباد کی کئی مشہور شخصتیں، صحافی اور یوٹبرس و سوشل میڈیا کی نامور شخصیتیں اس حلیم سنٹر پر پہنچ

گئیں اور یوں ان کا کاروبار چمک اٹھا۔

حیدرآباد کے ساکن محمد الیاس پیشہ سے باورچی ہیں اور پانچ رکنی خاندان کے سربراہ ہیں۔ گھر چلانے کے لیے کبھی کبھار پان شاپ بھی چلا لیتے ہیں۔ محمد عدنان جس کی عمر صرف سات یا آٹھ سال ہوگی ! اپنے والدین سمیت دو بھائیوں اور ایک بہن پر مشتمل خاندان میں سب سے چھوٹا ہے۔

افسوس کہ ۲۰۲۰ میں کورونا وبا کے آغاز بعد سے اس خاندان کو بھی دیگر کی طرح معاشی مسائل کا شدید سامنا کرنا پڑ رہا ہے۔ ان کے تینوں بچے اسی معاشی پریشانی کی وجہ سے تعلیم ترک کر چکے ہیں۔ پھر بھی محمد الیاس جوں توں اپنے خاندان کی کفالت میں مصروف ہیں۔

محمد الیاس نے ماہ رمضان کے آغاز کے ساتھ بورہ بنڈہ چوراستہ پر موتی نگر، انڈیا بازار کے قریب اپنی ایک حلیم کی دکان لگائی لیکن افسوس کہ ان کے پاس یکم رمضان سے بہت کم گاہک آنے لگے لیکن محمد الیاس نے ہمت نہیں ہاری۔ اسی دوران محمد الیاس کے معصوم و کمسن فرزند محمد عدنان اس حلیم سنٹر کے قریب ایک رات خالص دکھنی زبان میں یہ کہتے ہوئے گاہکوں کو متوجہ کر رہے تھے کہ:

" آیئے بھائی! یہ ہمارے "پپا کی حلیم ہے چکن کی حلیم ہے" الحمدللہ، آپ کو آنا ہے تو آیئے، خریدیں، یہ دیکھو ہریس ہے، یہ اصلی گھی ہے، مسقطی گھی، اور یہ شیر وا ہے بھئی، یہ الحمدللہ یہ ڈبے، ڈبیاں ہیں، یہ کوتمیر پودینہ ہے، یہ لیمو ہے، یہ چمچے ہیں، یہ کاجو ہے، یہ پیاز ہے تلی ہوئی، یہ غلہ ہے، یہ پاکٹاں ہیں، یہ لائٹاں بھی ہیں، دیکھو بھئی، ہمارے پپا کی حلیم ایسی رہتی ہے، آپ آتے جایئے، ہماری حلیم کو دیکھئے، آیئے، دیکھو بھئی، دیکھو بھئی! کھایئے اور مزے لیجئے، اللہ حافظ "

اس معصوم محمد عدنان کا یہ ویڈیو سوشل میڈیا کے مختلف پلیٹ فارمز پر وائرل ہو گیا۔ اس

ویڈیو کو دیکھنے کے بعد حیدرآباد کے مشہور و ممتاز سماجی کارکن "اظہر مخصوصی" جو کہ گزشتہ ۳،۶۷۵ دنوں سے بلاناغہ بے گھر اور ضرورت مند افراد کو دبیر پورہ میں "بھوک کا کوئی مذہب نہیں ہوتا" Hunger Has No Religion# کے نعرے کے ساتھ اور ۲،۳۶۸ دنوں سے گاندھی ہسپتال سکندرآباد کے قریب مریضوں اور ان کے تیمارداروں / رشتہ داروں کو مفت کھانا کھلانے کا ایک ریکارڈ رکھتے ہیں۔ جنہیں کئی بین الاقوامی و قومی ایوارڈز حاصل ہو چکے ہیں اور انہیں اداکار امیتابھ بچن اور سلمان خان اپنے ٹی وی شوز میں مدعو کر چکے ہیں۔

اظہر مخصوصی نے محمد عدنان کے اس ویڈیو کو ۱۲ اپریل کو اپنے فیس بک اکاؤنٹ پر پوسٹ کرتے ہوئے لکھا کہ "اس کو بولتے باپ کا سہارا بننا"۔ چھوٹو میاں ان شا اللہ کل رات ۸ بجے ہم آپ کے پپا کی حلیم کھانے آرہے ہیں۔ ۲۰۲۲ کی بیسٹ رپورٹنگ، ڈبے ڈبیاں، آئی سیلوٹ یو چھوٹے میاں"۔ اس ویڈیو کو ہزاروں افراد نے لائیک اور شیئر کیا۔

۱۲ اپریل کو ہی Akai News India نے اپنے فیس بک اور واٹس ایپ گروپس میں محمد عدنان کا یہ ویڈیو پیش کیا تھا۔

حسب وعدہ اظہر مخصوصی سمیت ۱۳ اپریل کی رات، صحافیوں اور یوٹیوبرس کے علاوہ دیگر شہریوں کی بڑی تعداد محمد عدنان کے والد محمد الیاس کے اس حلیم سنٹر پر پہنچ گئے۔ اور اس موقع پر انہوں نے اس پورے پروگرام کو فیس بک پر لائیو پیش کر دیا۔ تمام کی جانب سے محمد عدنان کے اس جذبے کی زبردست ستائش کی گئی ان کی گلپوشی کرتے ہوئے حوصلہ افزائی کی گئی۔ اس موقع پر اظہر مخصوصی نے محمد عدنان کے ساتھ تمام لوگوں سے اپیل کی کہ وہ محمد عدنان کے "پپا کی حلیم" کھانے ضرور آئیں، اظہر مخصوصی نے اس موقع پر کہا کہ سوشل میڈیا کے ذریعہ اس معصوم محمد عدنان اور ان کے والد کے ویڈیوز کو شیئر کریں

تاکہ ان کا کاروبار ترقی کرے اور ان کی معاشی حالت درست ہو جائے۔ انہوں نے کہا کہ بڑے بڑے برانڈز کو ہم پروموٹ کرتے ہیں لیکن یہ عدنان جیسا برانڈ انمول ہے۔ اس بچے کی تشہیر کریں۔

سوشل میڈیا کے ذریعہ حاصل اس تشہیر کے بعد اب محمد عدنان کے والد محمد الیاس کے حلیم سنٹر جو کہ اب "پپا کی حلیم" کے نام سے مشہور ہو گیا ہے پر گاہکوں کی قطار لگ گئی ہے۔ سابق کپتان ٹیم انڈیا محمد اظہر الدین کے فرزند محمد اسد الدین اور ان کی اہلیہ محترمہ آنم مرزا جو کہ ثانیہ مرزا کی بہن ہیں بھی اس "پپا کی حلیم" سنٹر پر پہنچے اور حلیم کا لطف لیا۔ معصوم عدنان سے بات کرتے ہوئے ان کی ستائش کی۔ دوسری جانب حیدر آباد کے مشہور اداکار کومزاحیہ فنکار شہباز خان نے بھی اپنی ٹیم کے ساتھیوں کے ساتھ محمد عدنان کے مکان پہنچ کر ان کے والد محمد الیاس سے ملاقات کی۔ اس موقع پر انہوں نے اس کمسن محمد عدنان کی صلاحیتوں اور والد کی مدد کے جذبے کی جم کر ستائش کی۔

بہر حال محمد عدنان کی یہ کوشش اور جذبہ کام آگیا۔ آج سوشل میڈیا کے تمام پلیٹ فارمز پر اس کمسن لڑکے کے سینکڑوں ویڈیوز وائرل ہو رہے ہیں۔ جنہیں لاکھوں ناظرین نے دیکھ اور خوب ستائش کی جارہی ہے۔ غیر مسلم برادران وطن کی بڑی تعداد بھی محمد عدنان نے اس "پپا کی حلیم" کھانے کے لیے بورہ بنڈہ پہنچ رہی ہے۔ یہ لڑکا یقیناً قوم کے غیر ذمہ دار نوجوانوں کے لیے ایک مثال ہے!!

☆☆☆

کہانی: ۱۰

محبت کی زبان: چرند پرند بھی باآسانی سمجھ لیتے ہیں

حِبا اور مینا کی قابل رشک دوستی!

سوشل میڈیا پر دونوں کا ویڈیو وائرل، ہر طرف سے ستائش اور ڈھیروں دعائیں

چار حرفی لفظ "محبت" اور پانچ حرفی لفظ "دوستی" اپنے اندر بہت طاقت رکھتے ہیں۔ کسی عاشق اور معشوق کے درمیان ہونے والی محبت کو ہی محبت نہ مانا جائے کیوں کہ یہ نہ آغاز ہے اور نہ اختتام! محبت کے کئی رنگ اور روپ ہوتے ہیں۔ جس سے کسی بھی انسان کی زندگی خوبصورت بنی رہتی ہے۔

کہا جاتا ہے اور یہ سچ بھی ہے کہ "محبت دنیا کی واحد زبان ہے، جسے دنیا کی ہر نسل، ذات پات اور ہر مذہب کے انسانوں کے علاوہ حیوانوں، پالتو جانوروں کے بشمول چرند اور پرند بھی باآسانی سمجھ سکتے ہیں"۔

ماں اور باپ کی اپنے بچوں کے ساتھ کی جانے والی محبت بے لوث اور لافانی مانی جاتی ہے۔ جو کہ زندگی کے ساتھ بھی اور زندگی کے بعد بھی قائم رہتی ہے۔

وہیں شوہر اور بیوی کے درمیان پائی جانے والی محبت کبھی تیکھی تو کبھی میٹھی مانی جاتی ہے۔

بچوں کی اپنے ماں باپ کے تئیں محبت کہیں نرم تو کہیں گرم ہوتی ہے! اولاد کا سکھ ماں

باپ کی ضعیفی میں بہت کام آتا ہے جو ان کی عمر کو چند سال بڑھانے میں معاون ثابت ہو تا ہے !لیکن افسوس کہ موجودہ دوَر میں اس محبت کو بھی کسی کی نظر لگ گئی ہے !

بھائیوں کے درمیان پائی جانے والی محبت گھروں کے درمیان کبھی دیوار نہیں کھڑی کرتی لیکن آج کے زمانے کا کڑواسچ یہی ہے کہ زیادہ تر بھائی الگ الگ رہنا ہی پسند کتے ہیں۔ وہیں آج کے معاشرہ میں چند ایسے خوش قسمت بھائی بھی موجود ہیں جو ایک ساتھ ایک چھت کے نیچے مل جل کر رہنے کو ترجیح دیتے ہیں۔ شاید ایسے ہی بھائیوں کے نام نامور شاعر راحت اندوری نے کبھی کہا تھا کہ

مِری خواہش ہے کہ آنگن میں نہ دیوار اُٹھے
مِرے بھائی مِرے حصے کی زمیں تُو رکھ لے

دوستوں کے درمیان محبت اور اپنا پن کبھی کبھار خونی رشتوں پر بھی بھاری پڑ جاتا ہے۔ دوستی اگر ملاوٹ اور ذاتی مفاد سے پاک اور بے لوث ہو تو پھر یہ ایک قدرت کا تحفہ ہوتا ہے۔

بھائیوں سے بہنوں کا اور بہنوں سے بھائیوں کا پیار انمول ہوتا ہے۔ کیونکہ بہنیں اپنے بھائیوں میں اپنے باپ کے وجود کو تلاش کرتی ہیں تو بھائی اپنی بہنوں میں اپنی ماں کا نقش پالیتے ہیں۔ یہ دونوں رشتے بھی ہمیشہ مفاد سے پاک اور مقدس ہوتے ہیں۔

محبت اور دوستی اس دنیا کے دو انمول تحفے ہیں جسے قدرت نے ہمیں عطا کیے ہیں۔ اس لیے ضروری ہے کہ ان دونوں رشتوں کی ڈور کو ہمیشہ مضبوطی کے ساتھ سنبھال کر رکھا جائے۔ اگر کبھی یہ ڈور ڈھیلی پڑنے لگ جائے تو کوشش کریں کہ ٹوٹنے نہ پائے۔ وقت کیسا بھی ہو محبت اور دوستی میں کبھی مفاد پرستی، دغابازی اور دھوکہ دہی کی ملاوٹ ہر گز نہ

کی جائے۔ کیوں کہ ان دونوں کے بغیر کسی بھی انسان کی زندگی اس صحرا کے مانند ہو جاتی ہے جہاں دور دور تک کوئی سایہ نہیں ہوتا!!

سوشل میڈیا پر ان دنوں ایک انتہائی دلنشین ویڈیو وائرل ہوا ہے۔ جسے فیس بک، ٹوئٹر، انسٹاگرام پر اب تک لاکھوں لوگ دیکھ چکے ہیں۔ کسی کو بھی نہیں معلوم کہ یہ ویڈیو کہاں کا ہے اور اسے کس نے اپنے موبائل فون کے ذریعہ اس ویڈیو کو ریکارڈ کیا ہے ؟۔

مگر اس ویڈیو میں ایک معصوم مسکراتی اور بھولی بھالی لڑکی اور اس کے ساتھ موجود "مَینا Common Myna" ہر سوشل میڈیا صارف کی واہ واہ کے ساتھ ان کی دعائیں سمیٹنے میں مصروف ہیں۔ لڑکی کی شکل سے معلوم ہوتا ہے کہ یہ ویڈیو کسی پہاڑی / سیاحتی مقام پر لیا گیا ہے!!

صرف ۴۵ سیکنڈ کے اس مختصر ویڈیو میں دیکھا جا سکتا ہے حجاب پہنی ہوئی یہ معصوم لڑکی بار بار اپنے سیدھے سے اپنی ناک دباتے ہوئے اور اپنے سر پر حجاب درست کرتے ہوئے ویڈیو لینے والے شخص کے سوالات کا انتہائی معصومیت اور شرماتے ہوئے اپنا نام "حبا Hiba" بتاتی ہے۔ اس باحیا اور معصوم حبا کے ساتھ ایک "مَینا Common Myna" بھی ہے جن کے درمیان اتنی گہری دوستی اور محبت ہو گئی ہے کہ دونوں ایک دوسرے کو ایک پل کے لیے بھی تنہا چھوڑنے کے لیے تیار نہیں ہیں۔

ویڈیو لینے والا شخص پوچھتا ہے کہ وہ اس مَینا کو کب سے پال رہی ہیں تو حِبا کا جواب ہوتا ہے کہ ایک سال ہو گیا جب یہ چھوٹا بچہ تھی۔ وہ شخص پھر پوچھتا ہے کہ جہاں آپ جاتی ہو یہ آپ کے ساتھ ہی جاتی ہے ؟ تو لڑکی کا جواب ہوتا ہے ہاں۔

پھر ویڈیو لینے والا شخص پوچھتا ہے کہ ایک بار اس مَینا کو چھوڑ کر بھاگو دیکھتے ہیں۔ تو حِبا اس

مَینا کو دور اڑا کر بھاگنا شروع کرتی ہے تو مینا Myna بھی پھرتی کے ساتھ اس کے ساتھ اُڑتی ہوئی جاتی ہے اور کچھ دُور حبا کے بھاگنے کے بعد مَینا حِبا کے سر پر بیٹھ جاتی ہے۔

ویڈیو بنانے والا شخص اس لڑکی حِبا سے پوچھتا ہے کہ اس کا کچھ نام رکھا ہے آپ نے ؟ تو لڑکی کہتی ہے کہ ہاں اس کا نام "میناMeena" رکھا ہے۔

پھر وہ شخص پوچھتا ہے اگر آپ اس کو میناMeena کہہ کر بلاؤ تو آتی ہے ؟تو حِبا کا جواب ہوتا ہے ہاں! پھر وہ اپنا ایک ہاتھ اپنے سر کے قریب لے جا کر مینا آجا کہتی ہے تو وہ "مَینا Myna" اس لڑکی کے سر سے اتر کر اس کے ہاتھ پر آجاتی ہے۔ سوشل میڈیا پر وائرل اس ویڈیو کو بہت سے میڈیا اداروں نے بھی استعمال کیا ہے۔

☆☆☆

کہانی: ۱۱
چمپانزی ماں: ہسپتال میں اپنے نوزائیدہ بچے کے ساتھ جذباتی ملاپ

ہسپتال میں منظر اور سوشل میڈیا پر ویڈیو دیکھنے والوں کی آنکھیں نم، فیس بک پر دو دنوں میں ۸۷ لاکھ سے زائد صارفین نے ویڈیو دیکھا

انسان ہوں یا جانور یا پھر چرند پرند سب کی ماں آخر ماں ہوتی ہے۔ جو کسی بھی حال اپنی اولاد کو مصیبت میں نہیں دیکھ سکتی اور اپنے بچوں سے زیادہ عرصہ تک دور نہیں رہ سکتی۔ ماں اپنے بچوں کے تحفظ کے لیے ساری دنیا اور سارے خطرات سے تنہا لڑ جاتی ہے۔ اسی لیے تو کہا جاتا ہے کہ ماں اور اس کی قربانیوں کا قرض دنیا کی کوئی اولاد ادا کر ہی نہیں سکتی۔ تین بغیر نقطوں کے حروف سے بنا ہوا لفظ ماں دنیا کے ہر انسان، جانور، چرند اور پرند کی بنیاد ہوتا ہے۔

سوشل میڈیا جسے مذہبی منافرت اور ایک مخصوص طبقہ کو نشانہ بنانے کا اڈہ بنا کر رکھ دیا گیا ہے۔ اسی سوشل میڈیا کے تمام پلیٹ فارمز پر مختلف جانوروں کی عجیب و غریب حرکتوں پر مشتمل اور مزاح سے بھرپور دلنشین ویڈیوز کے ساتھ سبق آمیز ویڈیوز بھی بہت زیادہ تعداد میں شیئر کیے جاتے ہیں اور انہیں دیکھنے والوں کی تعداد بھی لاکھوں میں ہوتی ہے۔

فیس بک اور انسٹاگرام پر ایک چمپانزی ماں کا انتہائی جذباتی ویڈیو وائرل ہوا ہے۔ ۵۰ سیکنڈ کے اس ویڈیو کو ان دونوں سوشل میڈیا پلیٹ فارمز پر امریکی ریاست کنساس (کانزاس) میں موجود SedgwickCountyZoo# کے مصدقہ ہینڈل سے جمعرات کی رات پوسٹ کیا گیا ہے۔ اس ویڈیو کے ساتھ زو حکام نے لکھا ہے کہ چمپانزی ماں جس کا نام "مہالے" ہے نے منگل کے دن ایک بچہ کو جنم دیا تھا اس کی پیدائش ایمر جنسی سی۔ سیکشن کے ذریعہ ہوئی تھی۔ تاہم پیدائش کے بعد چمپانزی کا یہ بچہ خود سانس نہیں لے پا رہا تھا تو اس لیے چمپانزی کے اس بچہ کو ہسپتال کے عملے نے دو دن تک ہسپتال میں علحدہ رکھنے کا فیصلہ کیا۔

بعد ازاں جب بچہ سانس لینے کے قابل اور پوری طرح صحتمند ہو گیا تو دونوں کی علحدگی کے بعد چنپانزی ماں مہالے کو اپنے بچہ کو دیکھنے کے لیے ہسپتال کے ہال میں لایا گیا۔ اس انتہائی جذباتی ویڈیو میں دیکھا جاسکتا ہے کہ چمپانزی ماں ایک چھوٹی سی کھڑکی کے ذریعہ اندر داخل ہوتی ہے۔ وہاں کپڑے میں موجود اس کا بچہ جب جنبش کرتا ہے اور کپڑے سے اپنا ہاتھ باہر نکالتا ہے تو فوری چمپانزی ماں مہالے اپنے بچہ کو اٹھا کر اپنے سینے سے چمٹا لیتی ہے۔ واقعی یہ لمحہ وہاں موجود زو کے عہدیداروں، اس ہسپتال کے ڈاکٹرز اور نرسوں کے علاوہ سوشل میڈیا پر اس ویڈیو کو دیکھنے والوں میں ایک لمحہ کے لیے ہی سہی جھرجھری پیدا کر دیتا ہے کہ واقعی ماں، ماں ہوتی ہے۔ چاہے وہ انسان ہو جانور! اس ویڈیو میں وہاں موجود نرسوں کی جذباتی آوازیں بھی سنی جاسکتی ہیں۔

بعد ازاں کل جمعہ کے دن SedgwickCountyZoo کے فیس بک اور انسٹاگرام پیج پر دس سیکنڈ کا اسی چمپانزی ماں اور بچہ کا ویڈیو پوسٹ کرتے ہوئے لکھا ہے کہ "ہمارے اس لڑکے کا نام ہے Kucheza# جس کا مطلب سواحلی میں کھیلنا ہوتا ہے۔ اس ویڈیو

میں آپ ماں اور بیٹے کے درمیان ایک پیارا لمحہ دیکھ سکتے ہیں، جب وہ دودھ پلا رہی ہے۔"

فیس بک پر SedgwickCountyZoo کے مصدقہ پیج پر جمعرات کی رات سے آج دوپہر تک چمپانزی اور اس کے نوزائیدہ بچہ کے ملاپ والے اس ویڈیو کو ۸۷ لاکھ سے زائد صارفین نے دیکھا ہے۔ وہیں ۲ لاکھ ۷ ہزار صارفین نے لائیک کیا ہے۔ اور ویڈیو کو ۱ لاکھ ۲۳ ہزار سے زائد صارفین نے شیئر کیا ہے۔ اسی طرح اس فیس بک ویڈیو پوسٹ پر ۱۸،۰۰۰ سے زائد انتہائی جذباتی کمنٹس کیے گئے ہیں۔
اس ویڈیو پر Michelle Fisher نامی خاتون فیس بک صارف جن کا کنساس سے تعلق ہے نے کمنٹ کیا ہے کہ "اگر آپ یہ دیکھ کر نہیں رو رہے تو آپ کے ساتھ کچھ غلط ہوا ہے!! ماں کی محبت کو بالکل متحرک کرنا اٹوٹ ہے وہ اپنے بچے کو واپس اپنی بانہوں میں لے کر بہت خوش ہے۔"
اسی طرح کنساس ہی کی ایک اور فیس بک صارف Amy Scheer# نے اپنے کمنٹ میں لکھا ہے کہ: "اے میرے خدا!! سسکیاں!! جس طرح وہ اس چھوٹے سے ہاتھ کو دیکھتی ہے اور اپنے بچے کو پکڑنے کے لیے دوڑتی ہے!! بہت خوبصورت!! شیئر کرنے کے لیے آپ کا شکریہ۔"

فیس بک اور انسٹاگرام پر ایسے ہزاروں جذباتی کمنٹس اس ویڈیو پر کیے گئے ہیں۔ جبکہ اسی ویڈیو کو SedgwickCountyZoo# کے انسٹاگرام پیج پر ۳۹،۹۱۴ صارفین نے دیکھا ہے۔ وہیں آج ۱۹ نومبر کو زو انتظامیہ نے مزید ایک ویڈیو اپنے فیس بک پیج پر پوسٹ کرتے ہوئے لکھا ہے کہ "مہالے (چمپانزی ماں) سب سے حیرت انگیز ماما ہے۔ اس

نے بچے کو اب تک نیچے نہیں رکھا ہے جب سے اس نے اسے کل صبح پہلی بار اٹھایا تھا اور دونوں پیار میں ہیں۔"اس ویڈیو کو بھی ۸ گھنٹوں میں ۸۷،۰۰۰ سے زائد فیس بک صارفین نے دیکھا اور ۷،۴۰۰ نے لائیک کرتے ہوئے مختلف کمنٹس کیے ہیں۔

☆☆☆

کہانی: ۱۲

مغربی بنگال ندی میں مورتی وِسرجن: مسلم نوجوان نے ۱۰ افراد کی جان بچائی

پھر بھی ہم سے یہ گلہ ہے کہ ہم وفادار نہیں !!

مغربی بنگال میں مسلم نوجوان کا قابلِ ستائش کارنامہ، مال بازار ندی میں مورتی وِسرجن کے دوران دس افراد کی جان بچائی

دسہرہ اور نوراتری کے موقع پر پتھراؤ اور خلل پیدا کرنے کے الزام میں ریاست گجرات کے ایک گاؤں میں ۹ مسلم نوجوانوں کو پولیس نے بیچ چوراہے پر برقی کھمبے سے پکڑ کر باری باری ایک ایک کی لاٹھیوں سے پٹائی کی۔ اور وہاں موجود مرد وخواتین کا مجمع تالیاں بجا بجا کر خوشی کا اظہار کرتا رہا۔ پولیس بربریت پر مشتمل یہ ویڈیو سوشل میڈیا پر وائرل ہوا۔ جس کی ہر طرف سے شدید مذمت کی جارہی ہے۔

جبکہ ریاست مدھیہ پردیش یں حکام نے مندسور کے پڑوسی گاؤں سورجنی میں دو برادریوں کے نوجوانوں کے درمیان جھگڑے میں ملوث ہونے کے الزام میں مسلم طبقہ سے تعلق رکھنے والے تین مکانات کو غیر قانونی تعمیرات کے نام پر بلڈوزر کے ذریعہ مسمار کر دیا گیا۔

اسی طرح ۵ اکتوبر کو دسہرہ کے موقع پر ریاست تلنگانہ کے ضلع سنگاریڈی کے کندی منڈل کے تحت موضع میں بیاتھول میں شر انگیزی کا مظاہرہ کرتے ہوئے قطب شاہی دور کی مسجد پر زعفرانی پرچم لہرایا گیا۔

دوسری جانب حیدرآباد۔ کرناٹک کے بیدر میں بہمنی دور میں تعمیر تاریخی محمود گاواں مدرسہ / مسجد میں رات ۲ بجے داخل ہوکر شرپسندوں نے پوجا کی جو کہ آثار قدیمہ کی حیثیت سے آرکیالوجیکل سروے آف انڈیا کے زیر انتظام ہے۔

جاریہ سال رام نومی کے موقع پر بھی شوبھا یاترا کے دوران مساجد کے سامنے ہنگامہ آرائی کی گئی اور یاترا پر پتھراؤ کے الزامات کے بعد جہاں راجستھان میں فساد پھوٹ پڑا تھا۔ وہیں مدھیہ پردیش کے کھرگون اور اترپردیش میں بلڈوزر چلاتے ہوئے کئی مکانات کو زمین بوس کردیا گیا یہاں بھی کہا گیا کہ یہ مکانات غیر قانونی تھے!!

ایسے میں مغربی بنگال کا ایک انسانیت کے پرچم کو بلند کرنے والا ویڈیو امن اور انسانیت کی مثال پیش کرتا ہوا ایک خوشگوار ہوا کے جھونکے کی طرح وائرل ہوا ہے۔ جو کہ دسہرہ کے دن مورتی وسرجن کے موقع پر مال بازار ندی کا ہے۔ جہاں رات ۳۰-۸ بجے درگا وسرجن کا مشاہدہ کرنے والے ایک مسلم نوجوان نے وسرجن کے دوران سیلابی پانی سے لبریز ندی میں ڈوبنے والے لوگوں کو بچانے کے لیے چھلانگ لگادی۔ جن کی شناخت محمد مانک (۲۸ سالہ) کے طور پر کی گئی ہے۔

سوشل میڈیا کے مختلف پلیٹ فارمز پر آج وائرل ہونے والے ایک ویڈیو میں پیلے رنگ کی ٹی شرٹ میں ملبوس محمد مانک کو پانی میں ڈوبنے والے عقیدت مندوں کی مدد کے لیے بے ساختہ پانی میں چھلانگ لگاتے ہوئے دیکھ سکتے ہیں۔

ٹوئٹر پر صحافی "تمل سہا" نے آج سہ پہر اس واقعہ کا ویڈیو ٹوئٹ کرتے ہوئے لکھا ہے کہ "غور سے دیکھا جائے تو پیلے رنگ کی ٹی شرٹ پہنے ایک شخص کو پانی میں چھلانگ لگاتے ہوئے دیکھا جاسکتا ہے۔ وہ جلپائی گوڑی، بنگال کے رہنے والے محمد مانک ہیں۔ وہ وسرجن کے وقت دریائے مال کے کنارے پر تھا جب سیلاب آیا۔ اپنی پرواہ کیے بغیر انہوں نے فوری پانی میں چھلانگ لگا دی اور ۱۰ لوگوں کو بچالیا"۔

اس ویڈیو کو پانچ گھنٹوں میں ایک لاکھ سات ہزار سے زائد ٹوئٹر صارفین نے دیکھا ہے۔ جبکہ اس ویڈیو پر کیے گئے زیادہ تر کمنٹس میں لکھا گیا ہے کہ " ایسے واقعات کو نفرتی گودی میڈیا والے نہیں دکھائیں گے کیونکہ ان کا مقصد ہی مذہبی نفرت پھیلانا ہے۔"!

میڈیا ذرائع کے مطابق جلپائی گڑی کے ایک چھوٹے سے قصبہ تیشیمالا کے ساکن محمد مانک ولد عبدالخالق نے اس سیلابی پانی میں چھلانگ لگا کر دس افراد کی جانیں بچائیں۔ میڈیا سے بات کرتے ہوئے اس باہمت نوجوان محمد مانک نے کہا کہ میں نے اللہ کا نام لے کر دریا میں چھلانگ لگا دی۔ بس اتنا یقین تھا کہ خدا موجود ہے اور میں تیرنا جانتا ہوں۔

بتایا جاتا ہے کہ مورتیوں کے وسرجن کو دیکھنے کے لیے مال بازار اور دوار کے مختلف علاقوں سے ۸،۰۰۰ سے زائد افراد وسرجن گھاٹ پر جمع ہوئے تھے۔ ان میں نوجوان محمد مانک بھی شامل تھے۔

جب ندی میں مورتی کا وسرجن کیا جارہا تھا اس وقت اچانک سیلابی پانی کا ریلا آگیا۔ محمد مانک اپنی آنکھوں کے سامنے لوگوں کو ڈوبتے ہوئے اور بچاؤ کی آوازوں کو سن کر ایک لمحہ بھی کچھ سوچے بغیر انہوں نے ندی میں بہہ جانے والے افراد کو بچانے کی غرض سے ۱۵

فیٹ کی بلندی سے ندی میں چھلانگ لگا کر ۱۰ افراد کی جان بچائی۔ یاد رہے کہ اس واقعہ میں ۸ افراد جاں بحق ہو گئے، ۸۰ افراد زخمی ہوئے اور ۴۵۰ افراد کو بچالیا گیا۔

پانی میں ڈوبنے والے دس افراد کو بچاتے ہوئے محمد مانک کا ایک پیر بھی زخمی ہو گیا۔ انہیں رات کو ہی مال بازار سوپر اسپیشالٹی ہسپتال کو لے جایا گیا۔ جہاں سے علاج کی فراہمی کے بعد انہیں روانہ کر دیا گیا۔ سوشل میڈیا پر محمد مانک کی جم کر ستائش کی جارہی ہے کہ انہوں نے اپنی جان کی پرواہ نہ کرتے ہوئے دس افراد کی جان بچائی۔

یہ واقعہ ان مذہبی جنونیوں کے لیے ایک سبق اور پیغام ہے جو کہ نفرت کی آگ میں جہاں خود جھلس رہے ہیں وہیں بین الاقوامی سطح پر ملک کی بدنامی کا سبب بھی بن رہے ہیں!!

☆☆☆

کہانی: ۱۳

گجرات میں کیبل برتج سانحہ: دو افراد نے بچائیں ۸۵ سے زائد جانیں

نفرت کی ہر فصیل گرانے کے واسطے
تم اس طرف سے ہاتھ بڑھاؤ، اِدھر سے ہم

گجرات میں کیبل برتج سانحہ، توفیق بھائی اور حسین محبوب پٹھان نے بچائیں ۸۵ سے زائد جانیں

گزشتہ چند سال سے ملک میں ایک مخصوص طبقہ کے خلاف نہ صرف سوشل میڈیا پر بلکہ نیشنل نیوز چینلوں پر مذہبی منافرت کو انتہائی ذمہ داری کے ساتھ پھیلایا جارہا ہے۔!! اس کا ثبوت یہ بھی ہے کہ امبانی گروپ کی ملکیت جس کی مختلف اشیاء کے صارفین اور خریداروں میں تمام مذاہب اور طبقات کے لوگ شامل ہیں وہیں ان کے نیوز ۱۸ چینل پر اس کے نیوز اینکر جس کا نام بدقسمتی سے امن ورما ہے، لیکن اس کے پروگرام دیکھے جائیں تو محسوس ہوتا ہے کہ یہ اس ملک کے امن کا دشمن ہے!!
نیوز اینکر امن ورما نے کرناٹک میں حجاب تنازعہ کے دوران اپنے ایک پروگرام میں حجاب

کو بین الاقوامی دہشت گرد تنظیم القاعدہ سے جوڑ دیا تھا۔اس کی اس حرکت پر گزشتہ دنوں ہی "نیوز براڈکاسٹنگ اینڈ ڈیجیٹل اسٹانڈرڈ اتھارٹی" نے اس شو کی سخت سرزنش کرتے ہوئے نیوز۔۱۸ چینل پر ۵۰ ہزار روپئے کا جرمانہ عائد کیا۔ چینل کی جانب سے پیش کیے گئے اس نفرت انگیز پروگرام کو اندرون سات یوم سوشل میڈیا کے تمام پلیٹ فارمز سے ہٹادینے کی ہدایت دی۔ وہیں سوشل میڈیا پر تو دن رات اسلام اور مسلمانوں کے خلاف زہر اگلنا، جھوٹ کو عام کرنا، ہر ناموافق چیز کو مسلمانوں سے جوڑنا اب عام بات بن کر رہ گئی ہے۔اس کے لیے باقاعدہ منظم طریقہ سے کام کیا جارہا ہے۔!!

اتوار ۳۰ اکتوبر کو ریاست گجرات کے موربی میں ۲۳۳ میٹر طویل اور ۱۰۴ سالہ قدیم کیبل برتج کے اچانک ٹوٹ کر ندی میں گرجانے سے ۱۴۷ سے زائد افراد کے ہلاک ہوئے۔جن میں بدقسمتی سے خواتین، بچے، ضعیف افراد بھی شامل ہیں۔جو اس حادثہ میں بچ گئے ہیں ان سے اس واقعہ کی داستاں سن کر رونگٹھے کھڑے ہو جاتے ہیں۔یہ واقعہ موربی میں گجرات کے دارالحکومت احمد آباد سے ۲۰۰ کلومیٹر کے فاصلہ پر موجود مچھو ندی پر پیش آیا تھا۔

کیبل برتج کے ٹوٹنے کے باعث اس پر موجود زائد از ۴۰۰ افراد ندی کے پانی میں گر گئے تھے۔چند افراد نے کسی طرح جہاں خود اپنی جان بچائی وہیں، بچاؤ ٹیموں کے علاوہ وہاں موجود نوجوانوں نے بھی اپنی جان پر کھیل کر سینکڑوں افراد کو بحفاظت ندی سے نکال لیا۔ ایسے میں سوشل میڈیا اور چند میڈیا اداروں میں توفیق بھائی اور حسین محبوب پٹھان نامی نوجوان کی جم کر ستائش کی جارہی ہے۔بتایا جارہا ہے کہ کیبل برتج کے ٹوٹ کر گرنے کے بعد حسین محبوب پٹھان جو کہ ایک تیراک ہیں اب تک ۵۰ سے زائد افراد کی زندگیاں بچاکر انہیں ہسپتال پہنچایا ہے، جن میں بچے، خواتین اور ضعیف افراد شامل

ہیں۔ وہیں توفیق بھائی نے بھی اس ندی سے ۱۳۵ افراد کو بچا کر ہسپتال منتقل کیا ہے۔ اس سلسلہ میں "راشٹریہ علماء کونسل" کے آفیشل ٹوئٹر ہینڈل پر توفیق بھائی اور حسین محبوب پٹھان کی تصاویر ٹوئٹ کرتے ہوئے لکھا گیا ہے کہ " دو فرشتے! توفیق بھائی اور حسین پٹھان! توفیق بھائی نے ۳۵ جانوں کو ہسپتال پہنچایا، تیراک حسین پٹھان نے تیراکی کر کے ۵۰ جانیں بچائیں۔ گجرات کے اخبارات ان کے قصیدے پڑھ رہے ہیں اور انہیں خدا کے بندے بتا رہے ہیں۔ کیا ان کے معاشرے کے خلاف نفرت پھیلانے والے اپنی عادت سے چھٹکارا پائیں گے؟"

دوسری جانب مقامی گجراتی اخبار دیویا بھاسکر کی رپورٹ کے مطابق چراغ پرمار نے بھی موربی ندی سے ۱۷۰ افراد کو بچایا ہے، جو کہ بجرنگ سیوا دل کے رکن ہیں۔ اور وہ اس حادثہ کے عینی شاہد بھی ہیں۔

ملک میں جاری مذہبی منافرت کی بات کی جائے تو جب سرکاری سطح پر، میڈیا اور سوشل میڈیا کے ذریعہ اس ملک کی صدیوں قدیم اور قابل فخر گنگا جمنی تہذیب کو کھوکھلا کرنے کی کوشش جاتی ہے تو اس سے سوائے نفرت اور بے چینی کے کچھ بھی حاصل نہیں ہو پاتا۔ کیونکہ تاریخ گواہ ہے کہ نفرت، جھوٹ اور ظلم کی عمر بہت چھوٹی ہوتی ہے۔ اور یہ دنیا صرف محبت، آپسی میل ملاپ سے چلتی ہے۔ یقیناً کیبل برج سانحہ انسانی نظر سے دیکھا جائے تو انتہائی قابل افسوس ہے۔ ایسے میں توفیق بھائی اور حسین محبوب پٹھان کی جانب سے ۸۵ قیمتی انسانی جانوں کو ان کا مذہب یا ذات پات دیکھے بغیر بچا لینا ایک قابل فخر کارنامہ ہے۔ یہی انسانیت کی میراث بھی ہے اور اسلام کی تعلیمات بھی کہ مشکل حالات میں ایک انسان مذہبی تفریق کے بغیر مصیبت زدہ انسانوں کی مدد کرے۔

قارئین کو یاد ہو گا کہ ۷ اکتوبر کو بھی مغربی بنگال سے ایک انسانیت کے پرچم کو بلند

کرنے، امن اور انسانیت کی مثال پیش کرنے والا ایک ویڈیو سوشل میڈیا پر وائرل ہوا تھا۔ جہاں دسہرہ کے دن مورتی وسرجن کے موقع پر مال بازار ندی میں رات ۳۰-۸ بجے درگا وسرجن کا مشاہدہ کرنے والے ایک مسلم نوجوان محمد مانک (۲۸ سالہ) نے وسرجن کے دوران سیلابی پانی سے لبریز ندی میں ڈوبنے والے لوگوں کو بچانے کے لیے چھلانگ لگاتے ہوئے ۱۰ سے زائد افراد کو بچایا تھا۔

گجرات کیبل برتج سانحہ میں ۸۵ انسانی جانوں کو اور مغربی بنگال میں درگا وسرجن کے موقع پر ۱۰ انسانی جانیں بچانے والے واقعات ان نفرتی لوگوں کے لیے ایک پیغام ہیں جو اسلام اور پیغمبر اسلام ﷺ کی شان میں گستاخی کرتے ہیں، جن کو حجاب، حلال اور نماز کی ادائیگی سے پریشانی ہے، یا کبھی "دیش کے غداروں کو گولی مارو ###### کو" کے نعرے لگاتے ہیں، یا پھر مسلمانوں کی نسل کشی کی دھمکیاں دی جاتی ہیں، یا پھر دہلی کے ایک ذمہ دار اس رکن پارلیمان کے لیے بھی یہ ایک سبق اور پیغام ہے جو کسی پروگرام میں سینکڑوں افراد سے یہ عہد کرواتا ہے کہ "مسلمانوں کا مکمل بائیکاٹ کیا جائے، ان سے کوئی بھی چیز خریدی نہ جائے۔"

کسی شاعر نے بڑھتی ہوئی مذہبی منافرت اور انسانوں کو مذاہب کے خانوں میں تقسیم کیے جانے کے اسی تناظر میں کہا ہے کہ

مل کے ہوتی تھی کبھی عید بھی دیوالی بھی
اب یہ حالت ہے کہ ڈر ڈر کے گلے ملتے ہیں

☆☆☆

کہانی: ۱۴

ماں باپ کی دوران کووڈ وفات: کوئی نہیں آیا، بیٹے اور بیٹیوں نے دفنایا

کوویڈ سے فوت ماں باپ کو دفنانے کوئی نہیں آیا، بیٹا اور بیٹیوں نے دفنایا
دسویں کا کھانے ۱۵۰ لوگ آ گئے، علاج کیلئے دیئے گئے قرض کی واپسی کا تقاضہ

کورونا وائرس کی وباء کے دوران اپنوں کیساتھ اپنوں کا ہی برتاؤ اور پھر اس سے مرنے والوں کی نعشوں کی جس طرح بے حرمتی کی جا رہی ہے یہ ساری دنیا پر آشکار ہے۔ خونی رشتے کورونا وائرس کے متاثرین اور اس سے مرنے والوں کیساتھ جو برتاؤ کر رہے ہیں اسے دیکھ، سن اور پڑھ کر روح کانپ جاتی ہے کہ ماں، باپ، بھائی، بہن اور بچے کورونا وائرس کے خوف سے اتنے سنگ دل اور مطلبی ثابت ہو رہے ہیں کہ اب شاید ہی کوئی خونی رشتوں پر دوبارہ اعتبار کرنے تیار جائے!

حد تو یہ ہیکہ مرنے والوں کی عزت کیساتھ آخری رسومات کی ادائیگی سے بھی زیادہ تر لوگ دور بھاگنے لگے ہیں خونی رشتوں کی اصلیت کورونا وائرس نے دکھا دی ہے کہ تم جس مال و دولت، اونچی عمارتوں، رہن سہن، اولاد اور رشتہ داروں کے بھرم پر جی رہے ہو وہ تب تک آپ کے ہیں جب تک آپ ان کی ضرورتوں کو پورا کر رہے ہیں۔

اور اس وقت تک یہ آپ کو عزت دیں گے جب تک آپ کی سانس جاری ہے! جونہی کوروناوائرس سے متاثر ہوئے بس یہ سب بھاگ جانے میں ہی اپنی عافیت سمجھنے لگ جائیں گے! ایسے ہزاروں واقعات ہماری آنکھوں کے سامنے روز آرہے ہیں۔

شاید انہی حالات اور واقعات کو دیکھتے ہوئے مشہور فلم ڈائرکٹر رام گوپال ورمانے ۳۰/ مئی کو ایک ٹوئٹ کرتے ہوئے لکھا ہے کہ:

"کوویڈ کا شکریہ! ہم نے دیکھا ہے کہ کیسے لوگ مُردوں کو بھول جاتے ہیں، اسی لیے بہتر ہے کہ ہم دوسروں کو راغب کرنے کیلئے اپنی زندگی نہ گزاریں بلکہ صرف وہی زندگی بسر کریں جیسی ہم جینا چاہتے ہیں!"

ریاست بہار کے ارریہ ضلع میں ایک ایسا واقعہ رونماء ہوا ہے جس نے انسان اور انسانیت کو شرمندہ کرنے کیلئے کوئی کسر نہیں چھوڑی۔ پٹنہ سے ۳۵۰/ کلومیٹر کے فاصلہ پر موجود ارریہ ضلع کے بشن پور پنچایت میں پیش آئے اس واقعہ کی تفصیلات کے مطابق بریندر رمہتہ ۴۶ سالہ اور انکی بیوی پرینکا دیوی وارڈ نمبر ۷ میں رہائش پذیر تھے۔

جنہیں دو بیٹیاں سونی ۱۸/ سالہ، چاندنی ۱۲/ سالہ اور ایک بیٹا نتیش ۱۴/ سالہ ہیں۔اس وارڈ میں اس خاندان کے علاوہ ۳۷/ دیگر خاندان بھی بستے ہیں۔

ماہ مئی کے اوائل میں اس علاقہ میں سات افراد کوروناوائرس سے متاثر ہو گئے تھے جن میں بریندر رمہتہ، انکی بیوی پرینکا دیوی کے علاوہ دیگر پانچ افراد شامل تھے۔

کوروناوائرس سے شدید متاثر ماں اور باپ کو ان تینوں بچوں نے ہسپتال میں شریک کروایا سونی نے میڈیا کو بتایا کہ انکے علاج کیلئے انہوں نے اپنی دونوں بکریاں ۱۱،۰۰۰/ روپے میں اور ایک گائے ۱۰،۰۰۰/ روپے میں فروخت کی تاہم والدین کے علاج کیلئے یہ رقم ناکافی تھی تو انہوں نے رشتہ داروں اور جان پہچان والوں سے ڈھائی لاکھ روپے کا قرض

بھی حاصل کیا۔ سونی نے بتایا کہ پھر بھی ہم اپنے ماں باپ کو نہیں بچا سکے !

سونی نے بتایا کہ جب ماں اور باپ کے علاج کیلیئے رقم کم پڑ رہی تھی تو انہوں نے اپنی ماں کو ہسپتال سے ڈسچارج کر کے مکان منتقل کیا تاہم حالت نازک ہونے پر دوبارہ اسپتال لے جارہے تھے کہ دوران سفر ماں کا انتقال ہو گیا۔

کورونا وائرس سے فوت ماں کی آخری رسومات میں مدد کرنے کیلیئے جب ان تین بچوں نے گاؤں والوں سے رو رو کر اپیل کی تو کوئی بھی آگے نہیں آیا جس پر مجبور ہو کر ان تینوں بچوں اور انکے ایک کزن نے اپنی ماں کو گاؤں کی سرحد کے قریب گڑھا کھو کر دفنا دیا۔

ابھی ماں کی موت کا غم، رشتہ داروں اور گاؤں والوں کی غیر انسانی حرکت ان کے معصوم ذہنوں میں تازہ ہی تھی کہ چار دن بعد باپ بریندر مہتہ کی بھی موت واقع ہو گئی اس وقت بھی ان کی آخری رسومات کی ادائیگی کیلیئے رشتہ دار اور گاؤں والے آگے نہیں آئے جس پر سونی، چاندنی اور نتیش نے مل کر اپنے باپ کی نعش کو بھی اپنی ماں کی قبر کے پہلو میں دفنا دیا سونی نے بتایا کہ جب ماں اور باپ کی موت ہو گئی تو کسی نے بھی ایک وقت کا کھانا نہیں دیا۔

اب اس دور میں سسکتی اور بلکتی ہوئی انسانیت کی اس کہانی کا ایک اور پہلو بھی پڑھیں کہ تینوں بچوں نے اپنے ماں باپ کی آتماؤں کو شانتی پہنچانے کی غرض سے ہندو رسم و رواج کے تحت دسویں کی تقریب منعقد کی تو اس تقریب میں ۱۵۰ لوگ کھانے کیلیئے آ گئے ! یہ وہی لوگ تھے جنہوں نے ان بچوں کے ماں باپ کی موت پر ان معصوموں کا سہارا بننا اور ان کی مدد کرنا تک گوارا نہیں کیا تھا اور نہ ہی ان کے سروں پر دستِ شفقت رکھتے ہوئے یہ حوصلہ دیا کہ "ہم ہیں ناں " !

سونی نے میڈیا کو بتایا کہ دسویں کے تقریب میں کھانا کھانے کے فوری بعد چند افراد جن میں رشتہ دار بھی شامل ہیں نے تقاضہ شروع کر دیا کہ اپنے ماں باپ کے علاج کیلئے لیا گیا قرض واپس کیا جائے !

کیونکہ انہیں معلوم ہو گیا تھا کہ بہار حکومت کورونا وائرس کی وجہ سے یتیم اور یسیر ہو جانے والے بچوں کو پرورش یوجنا کے تحت چار لاکھ روپئے کا معاوضہ دے رہی ہے۔

اسی دوران میڈیا اور سوشیل میڈیا پر اس واقعہ کی تفصیلات کے وائرل ہونے کے بعد کئی لوگوں نے ان بچوں کو اپنی جانب سے بڑی تعداد میں عطیات روانہ کیے اور یہ رقم بینک میں جمع ہوئی ہے۔

اب قرضداروں کی نظر حکومت کی امداد اور بینک میں جمع عطیات پر ہے کہ کسی طرح اپنا قرض واپس حاصل کر لیا جائے۔

ان بچوں کے باپ بریندر مہتہ ایک چھوٹی میڈیکل ہال چلایا کرتے تھے۔ماں اور باپ کی موت کے بعد سونی، چاندنی اور نتیش اس دنیا میں تنہا ہو گئے ہیں جنکے ماں باپ نے انکے مستقبل کیلئے کئی خواب دیکھے تھے۔

ماں باپ کی موت کے بعد سونی کی بہن چاندنی نے اپنی نم آنکھوں کیساتھ کہا کہ اب گھر سونا لگتا ہے، اتنے سال ماں باپ کیساتھ گزارے ہیں اب کچھ بھی سمجھ میں نہیں آرہا ہے !

وہیں حکومت کی امداد اور دردمند افراد کے عطیات کے سوال پر چاندنی کا کہنا ہے کہ کتنے بھی پیسے مل جائیں، مگر دوبارہ ماں باپ تو نہیں ملیں گے نہ !

اس واقعہ کے بعد ایک احساس شدید طور پر ہوتا ہے کہ کورونا وائرس کی وباء نے انسانیت ،انسانوں اور انسانی رشتوں کے کھوکھلا ہونے پر مہر لگا دی ہے !!

موجودہ مایوس کُن حالات اور مفقود ہوتی انسانیت پر فنا نظامی کانپوری کا یہ شعر صادق آتا ہے:

دنیا پہ ایسا وقت پڑے گا کہ ایک دن
انسان کی تلاش میں انسان جائے گا

بشکریہ: دی پرنٹ

☆☆☆

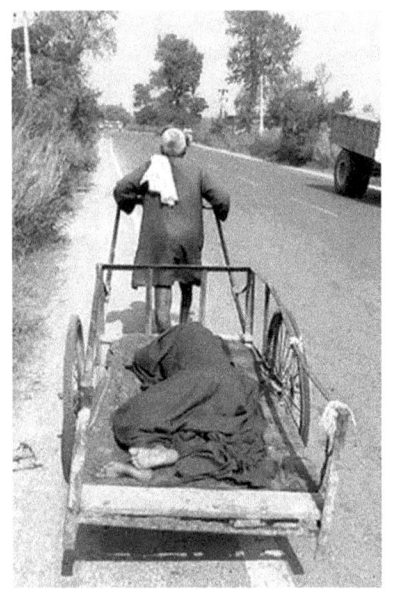

کہانی: ۱۵

بیمار بیوی کو بنڈی پر لاد کر ہسپتال پہنچا ضعیف شخص

موت نے بھی وہ کسی نے کیا ہو شاید!
زندگی تُو نے جو برتاؤ کیا ہے مجھ سے

چار کلو میٹر تک اپنی بیمار بیوی کو بنڈی پر لاد کر ہسپتال پہنچا ایک ضعیف شخص، ڈاکٹرز نے علاج سے انکار کیا، خاتون کی موت، اتر پردیش میں افسوسناک واقعہ، حکومت نے تحقیقات کا حکم دیا، تصویر سوشل میڈیا پر وائرل

سوائے چند ایک ریاستوں کو چھوڑ کر مختلف ریاستوں کے سرکاری ہسپتالوں کی بدتر حالت اور ساتھ ہی شہروں اور ٹاؤنس کو چھوڑ کر دیہی علاقوں میں رہنے والے لوگوں کو سخت بیمار پڑ جانے پر علاج کے لیے ہیلتھ سنٹرس کی ابتر حالت اور پھر بیماروں کو لے کر شہر اور ٹاؤنس کے ہسپتالوں تک پہنچنے کے لیے کن بدتر حالات سے گزرنا پڑتا ہے یہ کوئی ڈھکی چھپی بات نہیں ہے!۔

کورونا وبا کی پہلی اور بالخصوص دوسری تباہ کن لہر اور لاکھوں اموات کے دوران سرکاری ہسپتالوں کی کارکردگی اور آکسیجن کی قلت کے واقعات سب کے سامنے ہیں۔ ہسپتالوں، شمشانوں اور قبرستانوں کے باہر لگیں قطاریں اور گنگا کی ریت اور پانی میں

تیرتی لاشوں کی کہانیاں اور تصاویر تاریخ کے صفحات پر ثبت ہو چکی ہیں۔ بھلے ہی حکومتوں نے اسے چھپانے کی لاکھ کوششیں کر لیں۔

حکومتیں لاکھ دعوے کر لیں لیکن زمینی حقائق یہی ہیں کہ اس ملک کا غریب طبقہ سرکاری ہسپتالوں میں بھی علاج کروانے سے قاصر ہے۔ پہلے تو انہیں اپنے بیماروں کو ہسپتالوں تک منتقل کرنے کے ذرائع بھی دستیاب نہیں ہیں۔ زیادہ تر سرکاری ہسپتالوں کی حالت ایسی ہے کہ زندوں کا علاج تو دور مرنے والوں کی نعشیں لے جانے کی سہولتیں تک دستیاب نہیں ہیں!!

اگست ۲۰۱۶ کا ایک واقعہ قارئین کو یاد ہو گا کہ کیسے ایک اڑیسہ کے قبائیلی کسان داناماجھی کو کالاہندی ضلع کے بھوانی پٹنہ قصبے میں واقع ڈسٹرکٹ ہیڈ کوارٹر ہسپتال سے ۱۰ کلومیٹر تک اپنی بیوی کی لاش کو اپنی پیٹھ پر لاد کر لے جانے پر مجبور کیا گیا تھا۔ کیونکہ ہسپتال کا کوئی عملہ اس کی مدد کے لیے نہیں آیا تھا۔

جولائی ۲۰۲۱ میں اسی اڑیسہ کا ایک اور ویڈیو وائرل ہوا تھا جس میں اڑیسہ کے کندھمال کے ایک قبائلی کسان کو اپنی بیوی کی لاش کو بازوؤں میں اٹھاتے ہوئے دیکھا گیا تھا۔ کسان بالکرشن کنہار کی ۴۰ سالہ بیوی روتومتی جسے ایک ہسپتال میں داخل کروایا گیا تھا کہ دوران علاج ان کی موت واقع ہو گئی۔ شوہر کنہار نے اپنی بیوی کی لاش نیچے لے جانے کے لیے مدد مانگی لیکن ہسپتال کے کسی بھی ملازم نے اس کی مدد نہیں کی مجبوراً شوہر کنہار اپنی بیوی کی نعش کو ہسپتال کی دوسری منزل سے خود تنہا اٹھا کر نیچے گاڑی تک لایا تھا۔

گزشتہ ماہ ۲۳ مارچ کو بھی چھتیس گڑھ کی ایک ایسی روح فرسا ویڈیو اور تصویر وائرل ہوئے تھے کہ ایشور داس شدید بخار سے فوت ہونے والی اپنی بیٹی کی نعش کو مکان لے جانے کے لیے اپنے کاندھوں پر اٹھا کر ۱۰ کلومیٹر کا فاصلہ پیدل طئے کیا تھا۔ کیونکہ ہسپتال انتظامیہ

نے نعش کی منتقلی کے لیے ایمبولنس دینے سے انکار کر دیا تھا۔
اب دو دن سے ایک ایسی تصویر سوشل میڈیا کے تمام پلیٹ فارمز پر پر وائرل ہوئی ہے جسے دیکھ کر غربت پر ترس اور سرکاری ہسپتالوں کی حالت زار اور حکومتوں کے نکمے پن پر سوشل میڈیا صارفین برہمی کا اظہار کر رہے ہیں۔
اتر پردیش جسے گودی میڈیا نے تمام شعبہ جات میں بہترین کارکردگی پر ملک کی ترقی یافتہ اول ریاست کا درجہ دیا ہے کی اس تصویر میں دیکھا جاسکتا ہے کہ ایک ضعیف شخص اپنی بیمار بیوی کو بیل بنڈی میں لاد کر اس بنڈی کو خود کھینچ رہا ہے۔

میڈیا اطلاعات کے مطابق یہ واقعہ ۲۸ مارچ کا ہے۔ بلیلا ضلع کے چلکھار میں شکلا پر جاپتی ۶۰ سالہ اپنی بیمار بیوی جو کہ شوگر کی مریضہ تھی اور چلنے پھرنے سے معذور ہوگئی تھی کو بیل گاڑی میں لاد کر خود کھینچتے ہوئے چار کلومیٹر کا فاصلہ طئے کرکے ہیلتھ سنٹر لے گیا۔ تاہم اس شخص کے مطابق ڈاکٹروں نے علاج کرنے سے انکار کر دیا اور اسے حکم دیا گیا کہ وہ اپنی بیوی کو ضلع ہسپتال لے جائے۔
جس کے بعد وہ شخص اپنی بیمار بیوی کو آٹو رکشا کے ذریعہ ۱۵ کلومیٹر کے فاصلہ پر موجود ضلع ہسپتال لے گیا۔ اس دوران پورے پانچ گھنٹے ضائع ہوگئے اور وقت پر طبی امداد نہ ملنے سے پر جاپتی کی بیوی کی موت واقع ہوگئی۔
اس واقعہ کی تصویر سوشل میڈیا پر وائرل ہونے اور چاروں جانب سے تنقید کیے جانے کے بعد چیف میڈیکل آفیسر نیرج پانڈے نے وضاحت کی کہ اس ضعیف شخص کو معلوم نہیں تھا کہ ہنگامی حالات میں ایمبولنس طلب کرنے کے لیے فون کیا جاتا ہے۔ اس لیے وہ اپنی بیوی کو بنڈی میں لاد کر ہیلتھ سنٹر پہنچا جہاں سے اسے ضلع ہسپتال لے جانے کی صلاح دی

گئی! چیف میڈیکل آفیسر نیرج پانڈے نے وضاحت کی کہ ضلع ہسپتال میں دوران علاج اسی رات اس شخص کی بیوی کی موت واقع ہو گئی۔

سوشل میڈیا پر اس پورے افسوسناک واقعہ پر مشتمل تصویر وائرل ہونے اور سوشل میڈیا صارفین کی تنقیدوں کے بعد حکومت اترپردیش نے اس سارے واقعہ کی تحقیقات کا حکم دیا ہے۔ اس واقعہ کے منظر عام پر آنے کے بعد ہر شعبہ میں ترقی کے دعوے کرنے والوں کی قلعی پھر ایک مرتبہ کھل گئی ہے!!

☆☆☆

کہانی: ١٦

مردہ خانہ سے بیٹے کی لاش کا حصول : غریب باپ نے مانگی بھیک

دنیا پہ ایسا وقت پڑے گا کہ ایک دن
انسان کی تلاش میں انسان جائے گا

مردہ خانہ سے بیٹے کی لاش حوالے کرنے ۵۰ ہزار روپئے کا مطالبہ، غریب باپ نے رقم جمع کرنے گلی گلی گھوم کر بھیک مانگی

بوڑھے باپ کے کاندھوں پر نوجوان بیٹے کی نعش کو دنیا کا سب سے بڑا بوجھ کہا جاتا ہے۔ لیکن اس سے قبل ہی ریاست بہار کے ایک سرکاری مردہ خانہ کے رشوت خور عملہ نے ایک غریب اور لاچار و بے بس ضعیف باپ اور ماں کے کاندھوں پر بیٹے کی نعش حوالے کرنے کے لیے ۵۰،۰۰۰ روپئے کی رشوت طلب کرتے ہوئے ایک اور بوجھ ڈال دیا۔ جوان بیٹے کی موت سے مایوس و پریشان ماں باپ نے رشوت کی رقم جمع کرنے کے لیے گاؤں اور گلیوں میں، گھر گھر گھوم کر بھیک مانگی تاکہ رشوت کی رقم ادا کر کے ان کے بیٹے کی نعش مردہ خانہ سے حاصل کرتے ہوئے اس کی آخری رسومات ادا کر سکیں۔ ہر درد مند انسان کو لرزہ اور انسانیت کو شرمندہ کرنے والے

اس واقعہ کا ویڈیو وائرل ہوا ہے۔

ریاست بہار کے سمستی پور ضلع کے تھانے تاج پور کے موضع وہار کے بدقسمت باپ مہیش ٹھاکر کے ساتھ یہ واقعہ پیش آیا ہے جن کی کمائی ایسی نہیں ہے کہ وہ اپنے خاندان کو دو وقت کی روٹی فراہم کر سکیں۔ مہیش ٹھاکر کا بیٹا سنجیو ٹھاکر (۲۴ سالہ) بیروزگار تھا اور ملازمت کی تلاش میں مصروف تھا۔

اطلاعات کے مطابق سنجیو ٹھاکر ۲۵ مئی کو جب گھر واپس نہیں ہوا تو اس کے ماں باپ پریشان ہو گئے۔ ہر جگہ تلاش کے باوجود ان کو اپنے بیٹے کا کوئی سراغ نہیں ملا۔ اسی دوران ۷ جون کو مہیش ٹھاکر اور ان کی بیوی کو اطلاع ملی کہ مسری گھراری تھانے کے علاقے میں پولیس کو ایک نامعلوم نعش دستیاب ہوئی ہے۔ اس اطلاع پر دونوں پولیس اسٹیشن پہنچے تو انہیں بتایا گیا کہ اس نعش کو پوسٹ مارٹم کی غرض سے صدر ہسپتال منتقل کر دیا گیا ہے۔

دوڑتے ہوئے ہسپتال کے مردہ خانہ پہنچے باپ مہیش ٹھاکر کے مطابق ان کی جانب سے لاکھ منت سماجت کے باوجود شناخت کے لیے مردہ گھر میں رکھی گئی نعش انہیں نہیں دکھائی گئی۔ وہ دیکھنا چاہتے تھے کہ نعش ان کے لاپتہ بیٹے کی ہے یا کوئی اور ہے؟

لاکھ منت سماجت کے بعد مردہ گھر کے عملہ نے مہیش ٹھاکر اور ان کی بیوی کو وہ نعش دکھائی تو دونوں کے اوسان خطا ہو گئے کہ وہ نعش ان کے بیٹے سنجیو ٹھاکر ہی کی تھی نعش کو دیکھتے ہی ماں بیہوش ہو کر مردہ گھر میں ہی گر گئی۔

مہیش ٹھاکر نے روتے ہوئے مردہ گھر کے ذمہ داران سے کہا کہ ان کے جواں سال بیٹے کی نعش ان کے حوالے کی جائے تاکہ زندگی میں جس جواں سال بیٹے کی خواہشات کو وہ پورا

نہ کر سکا اور نہ ہی اسے دو وقت کی روٹی تک دے سکے کم از کم اس کی نعش کو دو گز کا کفن تو دے سکیں اور آخری رسومات ادا کر سکیں۔

خبر رساں ادارہ اے این آئی کو باپ مہیش ٹھاکر نے بتایا کہ جب انہوں نے مردہ گھر والوں سے اپنے بیٹے کی نعش مانگی تو ایک ملازم نے ان کے بیٹے کی نعش حوالے کرنے کے لیے ان سے ۵۰ ہزار روپئے کی رقم طلب کی۔ انہوں نے کہا کہ ہم انتہائی غریب لوگ ہیں کہاں سے اتنی رقم دے پاتے ؟

انسانیت کو شرمندہ کرنے والے اس مطالبہ کے بعد مجبور ولاچار باپ مہیش ٹھاکر اور ماں نے اپنے ہاتھ میں تولیہ لے کر گھر گھر، دکان دکان، گلی گلی گھوم کر بھیک جمع کی تا کہ مردہ گھر کے اس گِدھ نما ملازم کو یہ رقم دے کر اپنے بیٹے کی نعش حاصل کر سکیں۔

جونہی یہ اطلاع سوشل میڈیا کے ذریعہ عام ہوئی ہسپتال نے فوری طور پر اس نعش کو پولیس کے حوالے کر دیا جسے بعد ازاں ماں باپ کے حوالے کر دیا گیا۔

اس واقعہ کا ویڈیو اور تصاویر سوشل میڈیا پر وائرل ہوئی ہیں۔ جس کی ہر طرف سے شدید مذمت کی جا رہی ہے۔ ہسپتال نے اس معاملہ میں سخت کارروائی کرنے کا وعدہ کیا ہے۔ اے این آئی نے سمستی پور کے سول سرجن ڈاکٹر ایس کے چودھری کے حوالہ سے کہا ہے کہ ہم یقینی طور پر اس معاملے میں سخت کارروائی کریں گے، ذمہ دار پائے جانے والوں کو بخشا نہیں جائے گا۔

مندر۔ مسجد، حجاب، حلال، نسل کشی اور مذہبی اشتعال انگیزی میں مصروف اس ملک کے اس منافرتی ٹولے کے لیے یہ واقعہ ایک پیغام ہے کہ اپنی اس نفرتی ذہنیت کو ختم کریں جو صدیوں قدیم تاریخ کو توڑ مروڑ کر زندہ انسانوں کی نسل کشی کی دھمکیاں دیتے ہیں، جن کے سروں پر یہ جنون سوار ہو گیا ہے کہ دیگر مذہب والوں کی عبادت گاہوں یا اس ملک

کی تاریخی عمارتوں کی کھدائی کریں تو اپنے مذہب کی نشانیاں نکلیں گی؟۔ ضرورت ہے کہ ملک میں امن و امان کی فضا قائم کریں اور معلوم نہیں کہ ملک کے کس کونے میں ایسے کئی مہیش ٹھاکر، سنجیو ٹھاکر کے علاوہ دیگر مذاہب کے ماننے والے کن کن مشکلات سے گزر رہے ہوں گے؟ ان جیسوں کی بلا مذہبی تفریق مدد کی جائے۔ انہیں ملازمتیں اور روزگار حاصل ہوں تاکہ یہ لوگ بھی باعزت طریقہ سے چین و سکون کے ساتھ اپنی زندگی بسر کر سکیں۔

☆ ☆ ☆

کہانی: ۱۷

ساس کا غصہ: بہو کو بھی کورونا وائرس سے متاثر کر ڈالا

کورونا وائرس سے متاثرہ ساس نے غصہ میں بہو کو خود سے لپٹا کر کورونا سے متاثر کر دیا،
تلنگانہ میں عجیب واقعہ

کورونا وائرس سے متاثرہ ایک ساس نے بہو اور اسکے معصوم بچوں کی جانب سے اس سے سماجی فاصلہ بنائے رکھنے پر برہم ہو کر حالت غصہ میں اپنی بہو کو ہی زبردستی لپٹا لیا جس کے بعد بہو بھی کورونا وائرس سے متاثر ہو گئی۔

ریاست تلنگانہ کے راجنا سرسلہ ضلع کے نیلی می گٹہ تانڈہ میں پیش آنیوالے اس عجیب و غریب اور ساس کی جانب سے کیے جانے والے اس برتاؤ کی تفصیلات کے بموجب کورونا وائرس سے متاثرہ یہ خاتون اپنے مکان میں قورنطین میں تھی جس کی وجہ سے اس خاتون کی بہو اور اس کے دو بچے اس خاتون سے سماجی فاصلہ بنائے ہوئے تھے۔

اس کورونا وائرس سے متاثرہ خاتون کی بہو ۲۰ ر سالہ نے مقامی محکمہ ہیلتھ کے عہدیداروں سے شکایت کی کہ اس کی ساس نے اسے زبردستی اپنے گلے لگانے کے بعد سے مسلسل کہہ رہی ہے کہ وہ بھی اب کورونا وائرس سے متاثر ہو گی بہو نے یہ بھی کہا کہ اسے زبردستی گلے لگا کر کورونا وائرس سے متاثرہ اس کی ساس پوچھتی ہے کہ کیا وہ اس کے مرنے کے بعد

خوش رہنا چاہتی ہے؟

ساتھ ہی اس بہو نے یہ شکایت بھی کی کہ اس کی ساس نے کئی مرتبہ اس کو خود سے لپٹا لیا اور ساتھ ہی اسکے دونوں بچوں کو بھی زبردستی کھینچ کر بوسے دے رہی ہے۔

اس واقعہ کے بعد بہو اپنی ساس کو اسی مکان میں تنہا چھوڑ کر اپنی بہن کے مکان واقع تما پور منتقل ہوگئی ہے۔ جہاں ایلاریڈی پیٹ کے منڈل ڈیولپمنٹ آفیسر اور محکمہ ہیلتھ کے عہدیداران نے پہنچ کر ضرورت کی اشیاء اور میڈیکل کِٹ پہنچائی۔

یاد رہے کہ طبی ماہرین نے کورونا وائرس سے متاثرہ شخص سے میل ملاپ اور سماجی فاصلہ قائم رکھنے کو انتہائی لازمی قرار دیا ہے۔

متاثرہ خاتون نے بتایا کہ اس کا شوہر اُڈیشہ میں ٹریکٹر ڈرائیور کی ملازمت کرتا ہے جس سے چار سال قبل اس کی شادی ہوئی ہے اور وہ اپنے دونوں معصوم بچوں اور ساس کیساتھ نیلی می گٹّہ تانڈہ میں موجود سسرالی مکان میں رہتی ہے۔

بہو کے رشتہ داروں اور موضع کے عوام نے عہدیداروں سے مطالبہ کیا ہے کہ کورونا وائرس سے متاثر ساس کے خلاف کارروائی کی جائے۔

☆☆☆

کہانی: ۱۸

مکان کی دستاویزات حوالے کرنے دوسری بیوی کی دھمکی

مکان کے دستاویزات حوالے کرو نہیں تو کوروناوائرس سے متاثر کر دونگی!
دوسری بیوی نے شوہر کو تین دن تک مکان میں قید کر دیا، پولیس نے آزاد کروایا

کوروناوائرس کی دوسری لہر کے دوران بڑی تعداد میں لوگوں کے متاثر ہونے اور لاکھوں روپئے صرف کر کے علاج کروانے کے باوجود بھی بڑی تعداد میں امواتوں کا سلسلہ جاری ہے۔
ایسے میں سماج میں آج بھی ایسے مال و دولت کے لالچی لوگ موجود ہیں جنہوں نے ان بے وقت کی لاکھوں امواتوں اور بے کفن جے سی بی مشینوں سے روندی جارہیں، ندیوں، نالوں میں پھینکی جارہیں اور ہزاروں کی تعداد میں گنگا کی ریت میں دفنائی جارہیں یا پھر گنگا کے پانی میں پھینکی جانے والی نعشوں کو دیکھ کر کوئی سبق نہیں لیا ہے!!
اور نہ ہی انہوں نے شمشانوں اور قبرستانوں کے باہر لگنے والی ان نعشوں کی قطاروں سے کوئی عبرت ہی حاصل کی جنہیں جلانے کیلئے لکڑی اور دفن کرنے کیلئے زمین اور گور کھن تک نصیب نہیں ہوئے!! ان میں وہ لوگ بھی شامل تھے جنہوں نے زندگی بھر مال

ودولت کمانے، اونچی عمارتیں اور خوبصورت کاریں جمع کرنے میں لگادی تھیں!!

حیدرآباد کے انتہائی پاش مانے والے جانے والے جوبلی ہلز کے علاقہ میں ایک ایسا ہی واقعہ پیش آیا ہے جہاں ایک ضعیف شخص کی دوسری بیوی نے اس کے نام پر خریدے گئے کروڑوں روپئے مالیتی مکان کے دستاویزات حاصل کرنے کیلئے شوہر کے مکان پہنچ کر دھمکی دی کہ اگر اس نے مکان کے دستاویزات اس کے حوالے نہیں کیے تو وہ اس کو کوروناوائرس سے متاثر کردے گی کیونکہ وہ کوروناوائرس سے متاثر ہوئی ہے۔

اس دھمکی سے انتہائی خوفزدہ ضعیف شوہر نے فوری اپنے گھر کا دروازہ بند کرلیا تو اس خاتون نے مکان کو باہر سے قفل لگاتے ہوئے شوہر کو تین دنوں تک اسکے گھر میں قید کرکے رکھا بعدازاں پولیس کی مداخلت کے بعد اس ضعیف شوہر کو آزادی ملی۔

اس واقعہ کی تفصیلات کے مطابق جوبلی ہلز کے نندا گیری ہلز کے ساکن وی۔ سنجیوا ریڈی ۷۰ر سالہ نے چند سال قبل اپنی پہلی بیوی سے علحدگی اختیار کرتے ہوئے کونیر و بھارتی ۴۰ر سالہ سے شادی کرلی تھی انہیں ایک ۷ار سالہ لڑکا بھی ہے۔

شادی کے وقت سنجیوا ریڈی نے نندا گیری ہلز میں اپنی دوسری بیوی کونیر و بھارتی کے نام پر ایک پانچ کروڑ روپئے کا مکان خریدا اور اسی میں یہ زندگی گزار رہے تھے۔

اسی دوران بھارتی اپنے شوہر سنجیوا ریڈی کو چھوڑ کر کسی اور شخص کیساتھ زندگی گزار رہی ہے۔ جس پر سنجیوا ریڈی دوسرے مکان میں منتقل ہوتے وقت نندا گیری ہلز کے مکان کے دستاویزات بھی اپنے ساتھ لے گیا جو بھارتی کے نام پر ہے۔

اس مسئلہ پر گزشتہ چند دنوں سے سنجیوا ریڈی اور اسکی دوسری بیوی کونیر و بھارتی کے درمیان جھگڑا چل رہا تھا بھارتی اپنے نام پر موجود مکان کے دستاویزات دینے کا مطالبہ

کر رہی تھی۔

بیوی کو نیر و بھارتی ۳۱/ مئی کو سنجیوا ریڈی کے مکان پہنچی اور کہا کہ وہ کورونا وائرس سے متاثر ہو گئی ہے اور دھمکی دی کہ وہ اسکے نام پر موجود مکان کے دستاویزات اس کے حوالے کر دے ورنہ وہ کھانس کر اور اس سے لپیٹ کر اس کو بھی کورونا وائرس سے متاثر کر دے گی جس سے ضعیف شوہر سنجیوا ریڈی خوفزدہ ہو گیا اور فوری اپنے مکان کا دروازہ اندر سے بند کر لیا۔

جس پر بھارتی نے سنجیوا ریڈی کے مکان کو باہر سے مقفل کرتے ہوئے اسے مکان میں ہی قید کر دیا تا کہ وہ باہر نہ نکل سکے۔

تین دنوں تک اپنے ہی گھر میں قید ضعیف شوہر سنجیوا ریڈی نے کسی طرح کل فون کے ذریعہ جوبلی ہلز پولیس اسٹیشن کو فون کر کے سارے واقعہ کی شکایت کی۔

جسکے فوری بعد پولیس نے مکان پہنچ کر سنجیوا ریڈی کو آزاد کر والیا۔ اور ملزمہ کو نیر و بھارتی کیخلاف جوبلی ہلز پولیس آئی پی سی کی دفعات ۳۴۱، ۴۴۶، ۵۰۶/ کے تحت اور سیکشن ۳ (۱) اپیڈیمک ایکٹ کے تحت کیس درج رجسٹر کرتے ہوئے تحقیقات میں مصروف ہے۔

☆☆☆

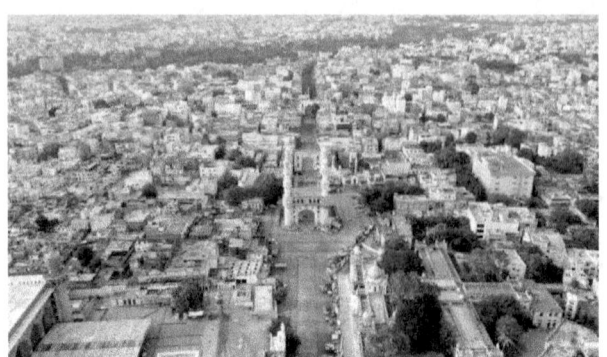

چار مینار

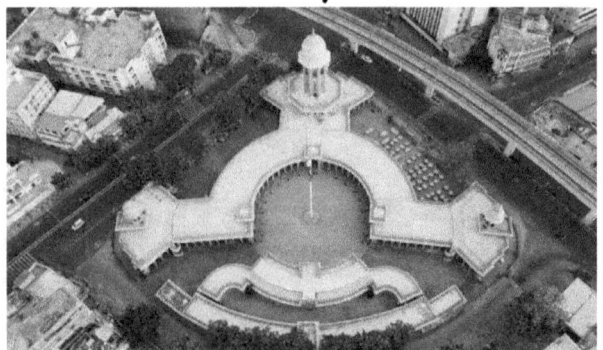

معظم جاہی مارکٹ

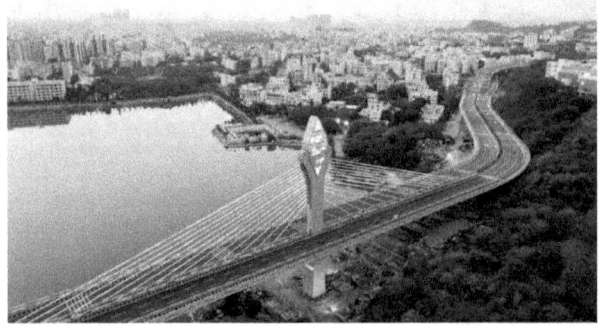

درگم چیرووُ کیبل برتج

کہانی: ۱۹

حیدرآباد لاک ڈاؤن: تصاویر اور کہانی، سنسان سڑکوں کی زبانی

ریاست تلنگانہ میں کوروناوباء کی روک تھام کی غرض سے ۱۲ مئی سے دس روزہ لاک ڈاؤن نافذ کر دیا گیا ہے۔

اس سلسلہ میں آج سوشیل میڈیا کی مشہور سائٹ ٹوئٹر پر جناب اروند کمار آئی اے ایس ، سیکریٹری اربن ڈیولپمنٹ نے شام کے ڈھلتے سایوں اور لاک ڈاؤن کے دوران حیدرآباد کے مشہور مقامات چارمینار، معظم جاہی مارکیٹ، درگم چیروو برج اور آنگیا جنکشن کی ڈرون سے لی گئیں تصاویر پوسٹ کی ہیں۔

گنگا جمنی تہذیب کا علمبردار حیدرآباد ملک کا وہ شہر جس میں سارا ملک بستا ہے، ملک کی ہر ریاست کے لوگ یہاں رہتے اور بستے ہیں، کئی زبانیں بولی جاتی ہیں۔

تاریخی چارمینار اور اطراف واکناف کا علاقہ:

مساجد سے اذانوں کی صداء، منادر سے بجتی گھنٹیوں کی آوازیں، مختلف پارکس میں چہل قدمی میں مصروف بوڑھے اور جوان، اچھل کود کرتے بچے!

حیدرآباد فرخندہ بنیاد، دن رات گاڑیوں کی دوڑتی قطاریں، میٹرو اور ایم ایم ٹی ایس کی

سائرن ، آسمان پر اڑتے ہوئی جہاز اور مختلف پرندے، مختلف صنعتوں سے نکلنے والا دھواں، آٹور کشاؤں اور دوسری گاڑیوں کی ریل پیل ایسی کہ تِل دھرنے کیلئے جگہ نہ ملے۔

اپنی اپنی گاڑیوں یا آرٹی بسوں، کیا بس اور آٹور کشاؤں میں دفاتر جاتے سرکاری بابو لوگ!

ہر چوراہے پر سیٹیاں بجاتا تریفک جوان اور سڑک کے کنارے گاڑیوں کے چالانات کاٹتے ہوئے ٹریفک پولیس کے عہدیدار!

ایک سے بڑھ کر ایک عالیشان شوروم،مالس،ہوٹلوں کی بلند و بالا عمارتیں، ٹھیلہ بنڈیوں کی ریل پیل، پانچ روپئے لیکر پیٹ بھر کھانا دینے والی ہوٹلوں سے لیکر ہزاروں روپئے کی قیمت والی غذائیں فراہم کرنے والی اسٹار ہوٹلیں۔

دُرگم چیرو وُ کیبل بریج:

مختلف آوازیں لگاتے ہوئے بیوپاری، پیٹ کی آگ بجھانے کیلئے اپنے غموں کو چھپا کر مختلف چھوٹی موٹی اشیاء بیچنے والے مسکراتے معصوم چہرے، معمولی باتوں پر سڑکوں پر اپنی گاڑیاں اور سیکلیں پھینک کر یا آٹور کشاؤں کو روک کر ایک دوسرے کا گریبان پکڑ لینے والے کیا ضعیف اور کیا جوان لوگ اور پھر فوری مداخلت کرتے ہوئے انہیں سمجھا بجھا کر جھگڑا ختم کرنے والے سڑک سے گزرنے والے دانا لوگ!!

حیدرآباد میں ہر چیز مل جائے گی سوائے ایک دوسرے سے نفرت اور مذہبی منافرت کہ!

یہی وہ چیز ہے جو ملک اور پوری دنیا میں حیدرآباد اور حیدرآبادیوں کو ایک الگ پہچان عطا کرتی ہے!

لیکن افسوس بناء کسی آکسیجن سپورٹ کے ۴۲۵ سال سے اپنے طریقہ اور اپنی مرضی سے

جینے والا حیدرآباد کورونا وائرس کی وباء کے باعث جیسے تھم سا گیا ہے یا تھک سا گیا ہے ؟
جیسے اس موتیوں کے شہر کو کسی کی نظر لگ گئی ہے یا پھر کسی اور کی غلطیوں کی سزاء بھگت رہا ہے ؟

آئیکیا جنکشن IKEA Junction

ریاست اور حیدرآباد کو کورونا وائرس کی وباء سے جلد چھٹکارہ دلانے کی غرض سے حکومت کی جانب سے نافذ کردہ لاک ڈاؤن کے باعث اب دوڑتی عالیشان گاڑیوں، دھواں اُڑاتے ہوئے گزرنے والی آرٹی بسیں اور ٹریفک سگنل پر کھڑی گاڑیوں کی قطاروں میں اپنا اگلا پہیہ داخل کرکے سکون سے بیٹھ جانے والے آٹو ڈرائیورس اور روشنیوں اور قہقہوں والا شہر حیدرآباد بھی خاموش اور سنسان ہو گیا ہے۔
خدا کرے کہ یہ وباء جلد ختم ہو، شہر کی رونقیں دوبارہ بحال ہوں اور گنگا جمنی تہذیب پہلے سے زیادہ مضبوط ہو۔
بقول ناصر کاظمی:

دل تو میرا اداس ہے ناصرؔ
شہر کیوں سائیں سائیں کرتا ہے

☆☆☆

کہانی: ۲۰

ماحولیات کی تباہی-زیر زمین آبی ذخائر میں کمی -ذمہ دار کون؟

ماحولیات کی تباہی، کم بارش، زیر زمین آبی ذخائر میں کمی اور چرند پرند کی نسلوں کو تباہ کرنے کا ذمہ دار کون؟ موسموں کی تبدیلی، کنکریٹ کے جنگل، جنگلوں، تالابوں اور نالوں پر قبضہ، آنے والی نسلوں کا کیا ہو گا؟

چند سال قبل سال میں تین موسم ہوا کرتے تھے گرما، بارش اور سردی لیکن اب پتہ نہیں چل رہا ہیکہ کب موسم کا مزاج تبدیل ہو اور کب سخت چلچلاتی دھوپ ہو، کب موسم اچانک سرہو جائے اور کب بارش ہونے لگے!
موسموں کی ایسی تبدیلی سے انسانی صحت پر بھی خراب اثرات مرتب ہوتے ہیں اور ساتھ ہی ماحولیات کے اس طرح بگڑنے سے دھرتی کا سارا نظام تبدیل ہو کر رہ جاتا ہے بدلتے موسموں کی سختیوں سے پریشان تو سب ہیں اور ناکافی بارش کا شکوہ تو ہر کوئی کر رہا ہے لیکن اس کا ذمہ دار کون ہے؟ یہ کوئی طئے نہیں کر پا رہا ہے۔
علحدہ ریاست تلنگانہ کی تشکیل سے قبل سرکاری بدعنوانیوں کے ذریعہ جنگلوں کی بے دریغ کٹوائی، شہری علاقوں میں موجود درختوں کو ترقی کے نام پر سڑکوں کی توسیع کے نام پر

کاٹ دیا جانا بھی اس کی ایک اہم وجہ ہے۔ دوسری جانب عوام نے بھی بڑے پیمانے پر درخت لگانے اور پانی کے تحفظ کی جانب دھیان بھی نہیں دیا یا پھر انجان بننا ہی مناسب سمجھا، وہیں شہروں، ٹاونس اور دیہاتوں سے ندیاں، نالے اور تالاب غائب کر دیئے گئے اور وہاں کنکریٹ کی عمارتیں پودوں کی طرح وجود میں لائی گئیں۔ حد تو یہ ہیکہ کئی مقامات پر یہ ندیاں، نالے اور تالاب سرکاری نقشوں میں اب بھی موجود ہیں!

جو ندیاں اور نالے موجود ہیں ان کا دائرہ تنگ کر دیا گیا اور کئی مقامات پر ان میں سے ریت غائب کر دی گئی اور افسوس تو یہ ہیکہ اب بھی ان خشک ندیوں سے ریت کی منتقلی جاری ہے جس کے ذریعہ ریت مافیا اور چند سیاسی اور سرکاری ذمہ داران نے اس سے کروڑہا روپئے کما لیے اور ماحول کو تباہ و برباد کر کے رکھ دیا۔

حضرت انسان نے ترقی کے نام پر خود اپنی اور اپنی آنیوالی نسلوں کو تباہی کے دہانے پر پہنچا دیا ہر کوئی موٹر نشین ہو گیا جس سے پیدا ہونے والی فضائی آلودگی بھی انسانی صحت کو دیمک کی طرح چاٹ رہی ہے۔ انسانی غلطیوں کا نتیجہ یہ نکلا کہ ہم نے جانوروں، چرند اور پرند کیلئے بھی مشکلات پیدا کر دیں یہی وجہ ہیکہ چرند اور پرند کی مختلف نسلیں مفقود ہوتی جارہی ہیں۔

چند سال قبل تک بھی شہروں اور مواضعات میں خان چڑیوں اور کوؤں کی بہتات ہوا کرتی تھی لیکن اب یہ نسلیں بھی خال خال ہی نظر آتی ہیں کہا جاتا ہیکہ موبائل فونس کے آغاز کیساتھ یہ نسلیں تباہ ہونے لگیں کیونکہ موبائل ٹاورس سے نکلنے والی شعائیں انکے لیے قاتل ہوتی ہیں۔ پھر بھی کچھ دیہی علاقوں میں ان خان چڑیوں اور کووں کو دیکھ کر اطمینان ہوتا ہیکہ ماحولیات ابھی مکمل تباہ و برباد نہیں ہوئی ہیں۔ تاہم جاریہ سال ناکافی بارش کے باعث تالابوں اور ندی نالوں کے خشک ہو جانے سے ان چرند پرند کو بھی غذاء اور پانی کی

شدید قلت کا سامنا ہے۔

کل جب وقار آباد کے ایک موضع میں جب بورویل سے پانی کا اخراج ہو کر جمع ہو گیا تو ان خان چڑیوں کا ایک غول پتہ نہیں کہاں سے آگیا اور اس پانی سے اپنی پیاس بجھانے کے بعد اس پانی میں ڈبکیاں بھی لگانے لگا جیسے برسوں بعد انہیں اتنی مقدار میں پانی نصیب ہوا ہے!! وہیں دوسری جانب ضلع کے مختلف مقامات پر خاطر خواہ بارش نہ ہونے سے جانوروں کو چارہ دستیاب نہیں ہے اور نہ جنگلاتی اور کھلے علاقوں میں گھاس ہی اُگی ہے جس سے یہ اپنا پیٹ بھر سکیں بتایا جاتا ہیکہ اس کے باعث ان جانوروں کی حالت قابل رحم ہو گئی ہے اور کسان انہیں فروخت کرنے پر مجبور بھی ہو رہے ہیں!! اس پر یہ ستم کہ کسان تخم ریزی کے بعد آسمان کی جانب اپنی آنکھیں لگائے بیٹھے ہیں کہ کب بارش ہو اور کب انکی خشک ہونے کے دہانے پر پہنچنے والی فصلوں میں نئی جان پیدا ہو۔

کسانوں کا کہنا ہیکہ اگر اب بھی بارش نہیں ہوئی تو انکی فصلیں مکمل خشک ہو جائیں گی لیکن افسوس تو تب ہوتا ہے جب ان سارے تباہ کن حالات سے واقف ہونے کے باوجود بھی ہم خاموش ہیں جبکہ حکومت تلنگانہ نے چار سال قبل ریاست کے ۲۵ فیصد جنگلاتی رقبہ کو ۳۳ فیصد میں تبدیل کرنے کا مستحسن اقدام اٹھاتے ہوئے تاریخی ہریتا ہارم پروگرام کا آغاز کیا ان چار سالوں کے دوران ریاست کے تمام مقامات پر پودے لگائے گئے۔

جاریہ سال مانسون میں بھی حکومت تلنگانہ ہریتا ہارم کے تحت کروڑوں پودے لگانے کیلئے تیار ہے نرسریز میں کروڑہا مختلف اقسام کے پودے تیار ہیں لیکن مانسون کے آغاز کے ڈیڑھ ماہ بعد بھی حوصلہ افزاء بارش نہیں ہو پائی ہے اور امید ہیکہ ایک دو بارشوں کے بعد ریاست میں بڑے پیمانے پر ہریتا ہارم پروگرام کا آغاز ہو گا۔ ۲۰۱۶ء میں ریاست کے کئی

اضلاع میں سالانہ اوسط سے بھی زیادہ بارش ریکارڈ ہوئی تھی تاہم گزشتہ دو سالوں سے مانسون کی ناکامی حکومت اور عوام کیلئے پریشان کن ہے ایسے میں زیر زمین آبی ذخائر کی حالت بھی انتہائی تشویشناک قرار دی جارہی ہے اس کی اہم وجہ ندیوں، نالوں اور تالابوں کا خشک ہو جانا ہے وہیں بڑے پیمانے پر بناء کسی منصوبے کے بورویلس ڈالنا بھی اس کی ایک اہم وجہ ہے۔

ماہرین اور ماحولیات کے تحفظ کیلئے فکر مند افراد عوام کو سوشیل میڈیا کے ذریعہ ویڈیوس وائرل کر کے یہ مشورہ دے رہے ہیں کہ وہ بارش کے پانی کو ضائع ہونے سے بچانے اور اس پانی کو محفوظ کرنے کیلئے اپنے اپنے مکانات اور کالونیوں میں واٹر ہارویسٹنگ سسٹم کا نظم کرلیں ضرورت شدید ہیکہ آنیوالی نسلوں کو ان موسموں کی سختیوں سے بچانے، ایک پاک و صاف آلودگی سے پاک ماحول فراہم کرنے، انہیں پانی کی قلت سے بچانے کیلئے بڑے پیمانے پر شجر کاری کرتے ہوئے حکومت تلنگانہ کے ہریتاہارم پروگرام میں حصہ لیں، بارش کے پانی کو ضائع ہونے سے بچانے کیلئے اپنے اپنے مکانات اور کالونیوں میں واٹر ہارویسٹنگ سسٹم کا نظم کریں شاید اس سے ہماری ماضی کی غلطیوں کا کچھ ازالہ ہو جائے اور انسانوں کیساتھ ساتھ چرند پرند کی نسلیں بھی محفوظ ہو جائیں۔

☆☆☆

کہانی: ۲۱

لالو پرساد یادو کے گردہ کی سنگاپور میں کامیاب پیوندکاری - دختر کا عطیہ

دختر روہنی آچاریہ نے گردہ کا عطیہ دیا، باپ اور بیٹی دونوں صحتمند، بیٹی کے جذبہ و ایثار کی انٹرنیٹ پر زبردست ستائش

انگریزی میں ایک بہت مشہور محاورہ ہے جس کا مفہوم ہے کہ "بیٹیاں پریشانیاں نہیں ہوتیں، بلکہ یہ دس بیٹوں کے مماثل ہوتی ہیں۔" اس دنیا کا سب سے خوبصورت رشتہ جہاں ماں و بہنوں کا ہے وہیں ایک رشتہ "بیٹی" کا بھی ہوتا ہے۔ جسے "خدا کی رحمت" قرار دیا جاتا ہے۔ ہر بیٹی کے لیے اس کی زندگی کا پہلا ہیرو اس کا اپنا باپ ہوتا ہے۔ یہ بھی سچ ہے کہ زیادہ تر بیٹیاں اپنے باپ کے بہت قریب ہوتی ہیں۔ جو اپنے ضعیف باپ کی دیکھ بھال اور تیمارداری ایک ماں کی طرح کرتی ہیں۔ اکثر باپ اپنی بیٹیوں کو ماں کی جگہ رکھ کر دیکھتے اور محسوس بھی کرتے ہیں۔

اس مقدس و مفاد پرستی سے پاک رشتہ کے متعلق جتنے حقائق اور اقوال ہیں ان پر صدر راشٹریہ جنتادل (آر جے ڈی) و سابق وزیر اعلیٰ بہار و سابق مرکزی وزیر ریلوے لالو پرساد یادو کی بیٹی روہنی آچاریہ نے اپنا ایک گردہ اپنے والد کو بطور عطیہ دیتے ہوئے پھر

ایک بار اس رشتہ کی سچائی اور حقیقت پر مہر ثبت کر دی ہے۔ روہنی آچاریہ کے اس اقدام کی ہر طرف سے بالخصوص سوشل میڈیا کے پلیٹ فارمز پر جم کر ستائش کی جا رہی ہے کہ: "بیٹی ہو تو ایسی"

راشٹریہ جنتا دل (آر جے ڈی) کے رہنما اور بہار کے سابق چیف منسٹر لالو پرساد یادو کے گردہ کی کل پیر ۵ ڈسمبر کو سنگاپور کے ماؤنٹ الزبتھ ہسپتال میں تبدیلی عمل میں لائی گئی اور ان کی بیٹی روہنی آچاریہ نے ان کے لیے اپنے ایک گردہ کا عطیہ دیا ہے۔ اس گردہ کی تبدیلی کا آپریشن کامیاب رہا۔ اب لالو پرساد یادو اور ان کی بیٹی روہنی آچاریہ دونوں صحتمند ہیں۔ کل پیر کو آپریشن سے قبل روہنی آچاریہ نے ہسپتال سے اپنی اور اپنے والد لالو پرساد یادو کے ساتھ لی گئی تصاویر ٹوئٹ کرتے ہوئے لکھا تھا کہ " راک اینڈ رول کرنے کے لیے تیار ہوں، ہمارے لیے نیک خواہشات کا اظہار کیجئے۔"

بعد ازاں لالو پرساد یادو کے فرزند اور بہار کے نائب وزیر اعلی تیجسوی یادو نے جو کہ اس گردہ کی تبدیلی کے لیے اپنے والد لالو پرساد یادو، والدہ و سابق وزیر اعلیٰ بہار رابڑی دیوی اور اپنی ایک اور بڑی بہن ورکن راجیہ سبھا ڈاکٹر میسا بھارتی کے ساتھ سنگاپور روانہ ہوئے ہیں۔ کل دوپہر ایک مختصر ویڈیو کلپ ٹوئٹ کرتے ہوئے لکھا کہ " گردہ کی تبدیلی کے بعد پاپا (لالو پرساد یادو) کو آپریشن تھیٹر سے آئی سی یو میں منتقل کر دیا گیا ہے۔ ہمارے قومی صدر اور گردہ کا عطیہ دینے والی بڑی بہن روہنی آچاریہ دونوں ٹھیک ہیں۔ آپ کی دعاؤں اور نیک تمناؤں کے لیے آپ سب کا تہہ دل سے شکریہ۔"

وہیں آج ٦ ڈسمبر کی شام دیر گئے نائب وزیر اعلیٰ بہار تیجسوی یادو نے سنگاپور کے ماؤنٹ الزبتھ ہسپتال جہاں گردہ کی پیوندکاری کا آپریشن انجام دیا گیا ہے سے گردہ کا عطیہ دے چکیں اپنی بڑی بہن روہنی آچاریہ جو کہ ہسپتال کے بستر پر لیٹی ہوئی ہیں کے ساتھ لی گئیں

تین تصاویر ٹوئٹ شیئر کرتے ہوئے اپنے انتہائی جذباتی ٹوئٹ میں لکھا ہے کہ :
"آپریشن کے بعد میری پیاری بہن کا اعتماد، مافوق الفطرت، منفرد اور شاندار ہے۔ ٹوٹتے رشتوں کے موجودہ دور میں جو اٹوٹ محبت، لامحدود قربانی، بے مثال ہمت، انوکھی لگن اور نا قابل تصور خاندانی اقدار کی جو انوکھی مثال میری پیاری بہن روہنی آچاریہ نے قائم کی ہے۔ وہ نا قابل بیان اور نا قابل فراموش ہے۔"

ڈاکٹر میسا بھارتی رکن راجیہ سبھا نے بھی اپنے ٹوئٹر ہینڈل پر، اپنے صحت یاب ہو رہے والد لالو پرساد یادو کا ایک ویڈیو ٹوئٹ کیا ہے۔ جس میں سابق وزیر اعلیٰ بہار لالو پرساد یادو کہہ رہے ہیں کہ "آپ سب نے دعاء کی، ہم اچھا محسوس کر رہے ہیں۔ اب ٹھیک ہیں۔"
بعد ازاں ڈاکٹر میسا بھارتی نے کہا کہ یہ ہمارے لیے بڑی راحت کا لمحہ تھا جب ہمیں آئی سی یو میں پاپا سے ملنے کا موقع ملا۔ وہ اپنے بہی خواہوں اور حامیوں کی نیک خواہشات اور دعاؤں کے اعتراف میں ہاتھ ہلانے کی کوشش کر رہے تھے۔

وزیر اعظم نریندر مودی نے آج منگل کو بہار کے نائب وزیر اعلی تیجسوی یادو سے فون پر بات کی اور سنگاپور میں گردے کی پیوندکاری کے آپریشن کے بعد ان کے والد اور آر جے ڈی صدر لالو پرساد یادو کی صحت کے متعلق تفصیلات حاصل کرتے ہوئے ان کی جلد صحت یابی کے لیے نیک خواہشات کا اظہار کیا۔

جبکہ وزیر اعلیٰ تمل ناڈو ایم کے اسٹالن، وزیر اعلیٰ جھارکھنڈ ہیمنت سورین اور دیگر سیاسی قائدین نے گردے کی پیوندکاری سے قبل ٹوئٹ کرتے ہوئے لالو پرساد یادو کے کامیاب آپریشن اور ان کی جلد صحت یابی کے لیے نیک خواہشات کا اظہار کیا تھا۔

وہیں بہار میں لالو پرساد یادو کے حامیوں کی بڑی تعداد نے کل دن کے اوائل سے ہی پیوندکاری سے قبل خصوصی پوجا اور درگاہوں پر اس وقت تک حاضری میں مصروف

رہے، جب تک کہ تیجسوی یادو نے ٹوئٹ کے ذریعہ کامیاب آپریشن کی اطلاع نہیں دی۔ لالو پرساد یادو کی جلد صحت یابی کے لیے جھارکھنڈ کے رام گڑھ کی مندر میں بھی خصوصی پوجا اور دعائیں کی گئیں۔

میڈیا اطلاعات کے مطابق سنگاپور میں ہندوستانی سفارت خانے کے عہدیداروں نے ماؤنٹ الزبتھ ہسپتال کا دورہ کرتے ہوئے نائب وزیر اعلیٰ بہار تیجسوی یادو سے ملاقات کی اور زیر علاج لالو پرساد یادو کی جلد صحت یابی کے لیے اپنی نیک خواہشات کا اظہار کیا۔

۷۴ سالہ منفرد و مقبول سیاسی رہنما لالو پرساد یادو کی ۴۰ سالہ دختر روہنی آچاریہ نے اپنا گردہ اپنے والد کو عطیہ دیتے ہوئے ایک مثال قائم کی ہے۔ جن کی انٹرنیٹ پر بھرپور تعریف اور ستائش کی جارہی ہے۔ سوشل میڈیا صارفین ان کی جم کر ستائش کر رہے ہیں۔ یہاں تک کہ لالو یادو کے سخت ترین نقادوں میں سے ایک بی جے پی لیڈر گری راج سنگھ نے کہا کہ روہنی آچاریہ نے اپنے اس عمل کے ذریعہ ایک مثال قائم کی ہے۔ گری راج سنگھ نے روہنی آچاریہ اور ڈاکٹر میسا بھارتی کی تصویر کے ساتھ اپنے ٹوئٹ میں لکھا ہے کہ "بیٹی ہو تو روہنی آچاریہ جیسی" آپ پر فخر ہے، آپ آنے والی نسلوں کے لیے ایک مثال بنیں گی۔

نامور شاعر افتخار عارف نے کبھی کہا تھا کہ

بیٹیاں باپ کی آنکھوں میں چھپے خواب کو پہچانتی ہیں
اور کوئی دوسرا اس خواب کو پڑھ لے تو برا مانتی ہیں

☆☆☆